COLEÇÃO
ABERTURA
CULTURAL

Copyright © 1996 by the estate of Michael Oakeshott
Copyright da Introdução do Editor © 1996 by Timothy Fuller
Originalmente publicado pela Yale University Press
Copyright da edição brasileira © 2018 É Realizações
Título original: *The Politics of Faith and the Politics of Scepticism*

Editor | Edson Manoel de Oliveira Filho
Produção editorial e projeto gráfico | É Realizações Editora
Coordenador da Série Michael Oakeshot | Daniel Lena M. Neto
Diagramação | Nine Design | Mauricio Nisi Gonçalves
Capa | Daniel Justi
Preparação de texto | Antonio Carlos Marques
Revisão | Frank de Oliveira

Reservados todos os direitos desta obra. Proibida toda e qualquer reprodução desta edição por qualquer meio ou forma, seja ela eletrônica ou mecânica, fotocópia, gravação ou qualquer outro meio de reprodução, sem permissão expressa do editor.

CIP-Brasil. Catalogação na Publicação
Sindicato Nacional dos Editores de Livros, RJ

O11p
    Oakeshott, Michael, 1901-1990
      A política da fé e a política do ceticismo / Michael Oakeshott ; tradução Daniel Lena Marchiori Neto. - 1. ed. - São Paulo : É Realizações, 2018.
      232 p. ; 23 cm. (Abertura cultural)

      Tradução de: The politics of faith and the politics of scepticism
      Inclui índice
      ISBN 978-85-8033-351-0

      1. Ciência política - Filosofia. I. Neto, Daniel Lena Marchiori. II. Título. III. Série.

18-52807   CDD: 320.01
                                                           CDU: 321.01

Vanessa Mafra Xavier Salgado - Bibliotecária - CRB-7/6644
21/09/2018 25/09/2018

É Realizações Editora, Livraria e Distribuidora Eireli
Rua França Pinto, 498 · São Paulo SP · 04016-002
Telefone: (5511) 5572 5363
atendimento@erealizacoes.com.br · www.erealizacoes.com.br

Este livro foi impresso pela Mundial Gráfica, em junho de 2023. Os tipos são da família Sabon Light Std e Frutiger Light. O papel do miolo é o Pólen Soft LD 70 g., e o da capa cartão Supremo 250 g.

A POLÍTICA DA FÉ E A POLÍTICA DO CETICISMO

Michael Oakeshott

TRADUÇÃO DE DANIEL LENA MARCHIORI NETO

3ª impressão

Sumário

Prefácio
   Luiz Felipe Pondé 7

Introdução
   Timothy Fuller 11

Capítulo 1 | Introdução 29

Capítulo 2 | A Identificação da Ambiguidade 55

Capítulo 3 | As Contingências da Fé 87

Capítulo 4 | As Contingências do Ceticismo 117

Capítulo 5 | A Nêmesis da Fé e do Ceticismo 145

Capítulo 6 | Conclusão 177

Posfácio
   Daniel Lena Marchiori Neto 199

Índice remissivo 226

Prefácio

LUIZ FELIPE PONDÉ

Para que serve o ceticismo na política? Essa é uma pergunta que alimenta a obra do filósofo britânico Michael Oakeshott (1901-1990), talvez o maior filósofo conservador do século XX, praticamente desconhecido no Brasil. E como funciona o "mecanismo" da fé em política? Como "equilibrar" ceticismo e fé em política? Como se caracteriza esse "desequilíbrio"? E, afinal de contas, o que é uma política sábia? São essas questões que *The Politics of Faith and the Politics of Scepticism*, terminado provavelmente em 1952, pretende discutir.

O senso comum costuma assumir que o pensamento conservador britânico seja um surto reacionário. Conservadores seriam pessoas apegadas ao passado, às crenças religiosas, temerosas do iluminismo e da razão, racistas, xenófobos, machistas. Não resta dúvida de que o termo "conservador" se presta a tais apropriações pelo senso comum. Mas a verdade é que o valor dado ao passado, aos hábitos e costumes, desde Edmund Burke (1729-1797), considerado o fundador dessa tradição, remonta, de modo fundamental, a outro britânico, o cético David Hume (1711-1776). Michael Oakeshott é um descendente pleno desses dois pais fundadores da tradição conservadora. Seu *A Política da Fé e a Política do Ceticismo* deve ser compreendido dentro dessa tradição.

O livro está dividido entre a identificação da ambiguidade entre fé e ceticismo, presente na ideia de governo e política no mundo moderno e contemporâneo, os "sucessos" de ambas as formas de política (fé e ceticismo), lembrando que Oakeshott usa a expressão em inglês "fortunes", que tanto nos leva a sucesso, como a fortuna, riqueza, sorte e azar, portanto contingência, e encerra a obra com uma investigação acerca da "nêmesis" tanto da fé quanto do ceticismo em política. Nêmesis, a deusa da justiça e da vingança na Grécia, aqui representa o ponto que, uma vez atingido, fé e ceticismo produzem, cada um à sua forma, como os efeitos "colaterais" negativos, numa espécie de degeneração causada pelo excesso, seja de fé, seja de ceticismo em política.

A preocupação de Oakeshott não é o conteúdo, digamos, ideológico, das duas formas de governo, mas sua operação formal. Apesar de que o livro busca uma espécie de política aristotélica, pautada pelo cuidado com os excessos de ambas as formas, o tema do ceticismo como fundamento da crítica à fé em política é original e fundamental. O vínculo entre ceticismo e política (coração da obra de Oakeshott e da "sensibilidade" conservadora em geral), infelizmente, permanece pouco discutido no pensamento público (mídia e academia), sobretudo, entre nós no Brasil, a ponto de que muitos desconhecem absolutamente a filiação do pensamento conservador à tradição cética em filosofia.

O ceticismo é uma escola grega de filosofia antiga que, diante de tantas teorias em que se eliminam umas às outras, chegara à conclusão de que o melhor era não crer demasiadamente em nenhuma delas, e, portanto, essa era a atitude do cético. Ou o Hábito, como diria Hume. Em Hume e Oakeshott, essa ideia de hábito será essencial. Dito de forma direta, o ceticismo é o fundamento da atitude conservadora diante da vida, da moral e da política, para Oakeshott.

Em política pós-iluminista, esse ceticismo se caracterizará por uma dúvida conservadora em relação às construções racionais. Nos termos de Oakeshott, esse ceticismo se erguerá contra o "racionalismo na política", como fala na sua coletânea que carrega o mesmo título (a edição completa em inglês, pelo Liberty Fund, foi lançada em 1962). O racionalismo na política é a política da fé.

O que pode confundir os não iniciados em Oakeshott, ou mesmo no pensamento conservador britânico, é o fato de que fé aqui nada tem a ver com fé como fenômeno religioso. Fé, aqui, é fé na racionalidade aplicada à política de modo sistemático. E aqui adentramos o terreno dos "sofistas, economistas e calculadores", como dizia Burke. Se não podemos ter certeza do que conhecemos, como nos ensina o ceticismo desde a Grécia, e se a experiência humana beira uma complexidade intratável a esquemas, como ter fé na razão em matéria de governo? Como ter fé em nossa capacidade de construir abstrações (estamos muito perto das "teorias de gabinete" de Burke) se a realidade não se dobra ao cálculo abstrato?

Quando o ensaio é escrito, entre o final dos anos 1940 e início dos anos 1950, o cenário da utopia soviética começava a ruir. O fascismo já revelara suas garras. O comunismo era a encarnação máxima em termos de política da fé naquele momento. Sua derrocada, no entendimento de Oakeshott, era algo a se pensar em matéria de "sucesso" do cuidado cético com os excessos da fé em política.

Apesar dessa dúvida conservadora com relação à utopia comunista ter seu fundamento empírico, a história recente parece optar pela fé em matéria de política. A própria ideia de ser "progressista" implica essa fé. Eis a suposta "beleza" que ela carrega em si. Ser "progressista" significa ter fé de que somos capazes de construir sociedades cada vez melhores, se usarmos nossa inteligência para construir esse mundo melhor. Como não reconhecer a vitória dessa atitude política no mundo moderno e contemporâneo? A própria ideia de avanço científico e técnico parece justificar a fé no racionalismo na política. As tentativas de redefinir tudo em matéria moral, política, psicológica, sexual, social, afetiva, com base em ideias inventadas por intelectuais e militantes, são a prova desse "sucesso" da política da fé.

A devastação moderna sobre hábitos e costumes é gigantesca. Para Oakeshott, ou qualquer outro cético em matéria de política, essa devastação é mais uma razão para retornarmos à prudência aristotélica em termos de virtude política. E a prudência é epistemologicamente cética. Um governo cético é um governo que sonha pouco, que governa no varejo, jamais no atacado, com ideias abstratas de mundo. Um governo cético age apenas mediante a experiência moral concreta com a natureza humana. De certa forma, trata-se de um "materialismo moral". Nesse sentido, ele será prudente em termos de fé nos delírios da razão iluminista.

Mas onde fica a "nêmesis" nisso tudo? Qual a função desse conceito na obra em questão? A função é nobre. A "nêmesis" da política da fé é um governante enlouquecido pela vaidade, crendo plenamente na sua leitura de mundo e nas soluções que julga corretas e justas para seus governados. E aqui a "nêmesis" encontra a crítica burkiana a Rousseau (1712-1778), o filósofo da vaidade. E a "nêmesis" do ceticismo em política? Simples: o risco da inércia. Um hábito imóvel, num mundo em movimento.

Entretanto, a proposta de Oakeshott permanece cética em seu fundamento (e, portanto, conservadora). Diante de um mundo vaidoso como o nosso, sua ideia de governante "ideal" é a de um governante que não possui "concepções de mundo", nem "concepções de sociedade", nem deseja a perfectibilidade humana como meta, nem a tem como *a priori* antropológico. Seu governo é uma "caixa de ferramentas", termo do próprio autor, que ele usa para minimizar a constante entropia da condição humana, sendo a política uma forma, entre outras, de combater essa entropia essencial.

Como todo filósofo ciente desse risco estrutural presente na crença na perfectibilidade humana (tema recorrente na síndrome da "Torre de Babel", metáfora do próprio autor, que escreveu dois ensaios sobre ela), sua proposta política será, afinal de contas, uma política do cuidado com a fragilidade humana e da prudência com a desmedida decorrente dessa mesma fragilidade.

Introdução

TIMOTHY FULLER

> Não se pode esperar que a filosofia política aumente nossa capacidade de ser bem-sucedidos na atividade política. Ela não nos ajudará a distinguir entre os bons e os maus projetos políticos; não tem o condão de nos guiar ou orientar na iniciativa de buscar as insinuações da nossa tradição. Todavia, a análise cuidadosa das ideias gerais que vieram a se vincular à atividade política – ideias como natureza, artifício, razão, vontade, lei, autoridade, obrigação, etc. –, na medida em que consegue remover parte do caráter tortuoso do nosso pensamento, levando a um uso mais econômico dos conceitos, é uma atividade que não pode ser superestimada nem desprezada. Mas deve ser entendida como uma atividade ilustrativa e não prática; se a seguirmos, podemos apenas esperar sermos menos frequentemente enganados por declarações ambíguas e argumentos irrelevantes.
>
> – de *"Educação Política"* (1951)

A Política da Fé e a Política do Ceticismo apresenta ao leitor uma expressão surpreendentemente nova e inesperada do pensamento de Michael Oakeshott a respeito da política e do governo modernos. É o livro do qual sua conferência inaugural na London School of Economics em 1951, "Educação Política", é uma espécie de resumo. Sua intenção explícita é considerar o que *governar* e *ser governado* significaram na moderna política europeia. Ele deixa de lado a questão "quem deve governar e sob qual autoridade?" em favor de entender como responder à pergunta "o que o governo deve fazer?".[1]

Michael Oakeshott faleceu em dezembro de 1990. Em maio de 1991, Shirley Letwin e eu fomos ao chalé dele na costa de Dorset a fim

---

[1] "A história da moderna política europeia", Oakeshott assinala, "tem sido descrita, frequentemente, como uma atenção fixa na primeira dessas questões [...] E essa história tem sido contada de maneira tão frequente e eloquente que somos quase persuadidos de que se trata da história completa [...] Contudo [...] não há nenhuma relação simples ou direta a ser identificada entre a constituição e os propósitos do governo" (página 32 desta edição).

de recuperar os trabalhos que ele havia deixado, em seu testamento, para ela fazer o que achasse melhor. Encontramos um número muito maior de trabalhos que esperávamos – incluindo o texto datilografado deste trabalho – e levamos para Londres. Algumas semanas depois, voltei ao chalé com o Dr. Robert Orr, da London School of Economics, para recuperar os papéis que haviam restado. Na morte de Shirley Letwin, a posse dos papéis passou para o professor William Letwin.

O trabalho que estava conosco tinha sido datilografado em papel comum de 8 por 10 polegadas. Não tem página de rosto, mas a escolha do título é evidente em razão do assunto e da organização do trabalho. A divisão em capítulos e seus respectivos títulos estão exatamente como no texto datilografado. A página 36 do capítulo 5 está faltando, e não a encontramos em nenhum lugar entre os documentos.

O trabalho, com 232 páginas, não tem numeração sequencial. A "Introdução" e os dois primeiros capítulos estão numerados de 1 a 118. Os dois capítulos seguintes e a conclusão são numerados separadamente: 1 a 39, 1 a 47 e 1 a 30. O trabalho, porém, é um todo contínuo, datilografado em um único tipo de papel e aparentemente em uma única máquina de escrever. Com algumas obras de Oakeshott, temos a versão manuscrita de um trabalho que foi posteriormente datilografado, mas não encontramos tal versão neste caso. O texto não está datado, mas Oakeshott ocupou-se desse tema central na década de 1930. Em *The Social and Political Doctrines of Contemporary Europe*, escreve:

> No que diz respeito aos ideais morais representados nessas doutrinas, a distinção fundamental parece-me não estar entre os que oferecem um ideal espiritual e aqueles que oferecem um ideal material, tampouco no conteúdo real dos próprios ideais morais, mas entre aqueles que transferem o planejamento de toda a sua vida para a vontade arbitrária dos autonomeados líderes da sociedade e aqueles que não apenas se recusam a entregar o destino da sociedade a qualquer autoridade estabelecida, como também consideram estúpido e imoral planejar o destino dela. De um lado estão as três modernas doutrinas autoritárias:

comunismo, fascismo e nacional-socialismo; de outro, catolicismo e liberalismo. Para a mente liberal e católica, a noção de que os homens tenham autoridade para planejar e impor um modo de vida à sociedade soa como uma ignorância pretensiosa; só pode ser considerada por homens que não têm respeito pelos seres humanos e estão dispostos a torná-los meios para a realização de suas próprias ambições.[2]

O trabalho foi elaborado após a Segunda Guerra Mundial e concluído, provavelmente, em 1952. Os temas aqui desenvolvidos correspondem de forma recorrente aos dos ensaios que Oakeshott escreveu entre 1947 e 1951, reunidos em *Rationalism in Politics* em 1962. Ele se refere à Lei de Educação de 1944 e à obra *Homo Ludens*, de Huizinga, a qual ele poderia ler em alemão nos anos 1940, e muito provavelmente ler na tradução inglesa publicada na Inglaterra em 1949. Suas notas de rodapé são caracteristicamente reduzidas ao mínimo, e a maioria delas aparece aqui sem alterações, tal qual o original. Uma referência equivocada (notas de rodapé 10 e 11 nas páginas 103 e 104) à *Cambridge Economic History of Europe* (publicada pela primeira vez em 1941) acaba por ser uma referência a um livro de Lionel Robbins, *The Theory of Economic Policy in English Classical Political Economy*, de 1952. Sou grato ao professor Stuart Warner por me ajudar a rastrear a fonte verdadeira da referência de Oakeshott ao trabalho de Robbins.

Mesmo entre aqueles que conheciam Oakeshott muito melhor que eu, não havia ninguém, incluindo Shirley Letwin, que estivesse ciente deste trabalho. Não parece ter sido apresentado como uma aula de alguma disciplina. Os documentos de Oakeshott incluem várias conferências, rotuladas por ele como tal. Dois estudantes experientes de seu trabalho, que revisaram este texto para a Yale University Press, ficaram impressionados com sua imprevisibilidade.

---

[2] Michael Oakeshott, *The Social and Politic Doctrines of Contemporary Europe*. Cambridge, University Press, 1939, nota de rodapé 1, p. xxii-xxiii.

Por que Oakeshott decidiu não publicar esta obra (e muitas outras) – uma questão que os interessados em seu trabalho discutem com frequência – é um mistério. Aqui está uma exposição completa de seu pensamento em determinado estágio. Ele pode ter ficado insatisfeito com isso de alguma forma. Muitas vezes, ele ficava insatisfeito ou incerto sobre sua escrita, e revisou os ensaios inúmeras vezes, ao longo de muitos anos, antes de publicá-los. No entanto, não colocou restrições sobre o que seria feito com seus trabalhos quando os deixou para Shirley Letwin. *The Voice of Liberal Learning* foi publicado com a sua consulta e aprovação em 1989, e, embora ele tenha morrido pouco antes de ver a nova e ampliada edição de *Rationalism in Politics* publicada em 1991, ele a viu em preparação, aprovando suas adições e reorganizações. Ficou satisfeito com esses projetos, embora ele mesmo não os tivesse empreendido.

Oakeshott tinha a ambição de escrever ensaios de importância duradoura na filosofia política, e acreditava ter conseguido. Em seu retrato no Gonville and Caius College, em Cambridge, ele se senta em uma mesa na qual *On Human Conduct* é exibido de maneira proeminente e central. Ele não se importava muito com reuniões profissionais; não tinha nenhum desejo – o que agora é bem evidente – de publicar tudo o que havia escrito.

Este livro, embora não seja uma monografia histórica nem um ensaio estritamente filosófico, inclui elementos de ambos e muito mais. É o mais próximo de um livro de conselhos para a prática da política moderna que Oakeshott já produziu. Como é típico, oferece uma maneira de pensar sobre a política sem oferecer políticas específicas. Mas Oakeshott atinge seu ponto mais aristotélico ao sugerir que há uma forma de conduta política apropriada para atingir um meio-termo entre os extremos que ele identifica como a "política da fé" e a "política do ceticismo". Como Aristóteles, Oakeshott não quer simplesmente comprometer as diferenças; ele quer determinar o equilíbrio entre tendências concorrentes. Para ele, no contexto moderno, isso significava restabelecer um equilíbrio diante da "política da fé" dominante, revitalizando ou trazendo de volta as virtudes da "política do ceticismo".

A abordagem de Oakeshott é dialética. Ele argumenta que, fora do leque de esforços para explicar a si mesmos o que estavam fazendo politicamente, os europeus produziram duas tendências concorrentes de pensamento sobre o propósito do governo enquanto usaram um vocabulário político que, por ser comum a ambos, tornou-se ambíguo.[3] O significado prático dos termos políticos passou a depender, e ainda depende, de como mediamos as duas maneiras opostas de pensar sobre os propósitos dos governos que emergiram em oposição mútua na história europeia do início da era moderna. A política da fé, como demonstra Oakeshott, tem dominado o pensamento e a ação política nos últimos cento e cinquenta anos, colocando a política do ceticismo na defensiva. Isso, ele pensou, só poderia terminar no desapontamento da autodestruição dos praticantes da política da fé.

A "fé" em questão é praticamente o oposto da fé religiosa tradicional. É a fé na capacidade dos seres humanos de se aperfeiçoarem por seus próprios esforços, possibilitada pela descoberta de formas de aumentar continuamente o poder do governo, assim como o essencial para controlar, projetar e aperfeiçoar indivíduos e grupos. "A condição primordial", diz Oakeshott, "do surgimento da política da fé" foi uma "notável e inebriante valorização do poder humano" que surgiu no início da história moderna, que estimulou a esperança da salvação por meio da política e a promessa baconiana de prosperidade, abundância e bem-estar. Essa "fé" suplantaria a compreensão agostiniana da fé que se opõe ao pelagianismo e ao mundanismo. A política da fé corresponde, em resumo, àquela disposição moderna

---

[3] A "democracia", por exemplo, pode sugerir tanto os meios para limitar o poder político quanto o mecanismo plebiscitário para legitimar o uso concentrado e extensivo do poder.

que Oakeshott chamou de "racionalismo na política" ou "estilo ideológico da política".[4]

O "ceticismo" em questão acha a experiência humana tão variada e complexa que nenhum plano para ordenar e reconstruir as atividades humanas poderia ter sucesso. Tais planos, na melhor das hipóteses, produzem alegria temporária e realizações fugazes, e nas piores oprimem as pessoas e deprimem o espírito humano. O alcance da experiência humana e a interminável alteração das relações entre indivíduos e grupos sempre superam todos os esforços para colocá-los sob o controle de um planejamento central. Dar mais poder ao governo significa estimular a aspiração equivocada de incrementar tal controle para, coletivamente, "buscar a perfeição em uma única linha de ação".[5] Isso ameaça o compromisso moderno característico dos indivíduos de obter o autoentendimento por si mesmos e de explorar as imensas oportunidades para aqueles que insistem em responder ao mundo conforme o significado que lhe dão, indivíduos que se veem livres porque sabem que são "o que são para si mesmos".[6] Dessa maneira, Oakeshott aprovava os indivíduos que tinham como única linha de ação a busca de sua própria perfeição. Um mundo de indivíduos pode compor muitas melodias, mas não pode ser orquestrado por um único compositor ou mesmo uma única equipe de compositores, mesmo se forem geniais.

Tudo isso emerge no curso de uma ampla reflexão, fundamentada pelo estudo histórico e filosófico, sobre as peculiaridades das práticas,

---

[4] Em "Political Education" e no título do ensaio de Michael Oakeshott *Rationalism in Politics*. New York, Basic Books, 1962. Edição nova e ampliada, Indianapolis, Liberty Press, 1991.

[5] Ver "The Tower of Babel", in *Rationalism in Politics*.

[6] "A Place of Learning" (1974), in Michael Oakeshott, *The Voice of Liberal Learning: Michael Oakeshott on Education*. Ed. Timothy Fuller. New Haven e London, Yale University Press, 1989, p. 19, e também "The Claims of Politics", 1939, in Michael Oakeshott, *Religion, Politics and the Moral Life*. Ed. Timothy Fuller. New Haven e London, Yale University Press, 1993.

dos discursos e dos escritos relevantes que constituíram a atividade política na Europa, e especialmente na Grã-Bretanha, desde o século XV. Embora Oakeshott tenha reconhecido que as características da moderna política europeia se espalharam pelo mundo no século XX (universalizando a ambivalência local da conduta e a ambiguidade do discurso político), ele pensou que poderíamos discerni-las mais claramente focando apenas no caso da Europa.

Temos, então, uma exposição do tema central de todo o pensamento de Oakeshott após a Segunda Guerra Mundial: o esforço para teorizar os distintos propósitos da moderna política europeia e do moderno Estado europeu. Ele desenvolveu esse tema de outras formas nas suas palestras na Universidade de Harvard em 1958, publicadas em 1993, assim como em *Morality and Politics in Modern Europe*, apresentando o que considerou sua versão definitiva em *On Human Conduct* de 1975.[7]

A Política da Fé e a Política do Ceticismo está relacionada aos dois últimos trabalhos na busca de uma caracterização abrangente do terreno da política moderna. Assemelha-se a *On Human Conduct* ao estabelecer duas maneiras opostas de conceber o escopo das atividades do governo. *On Human Conduct* analisou uma oposição básica que reflete as diferenças entre dois polos de pensamento sobre o propósito do governo. O Estado moderno, conforme Oakeshott, poderia ser mais bem compreendido mediante a elaboração de dois tipos ideais concorrentes de "associação civil" e "associação empresarial". Cada um deles ofereceu um modelo diferente do que os governos são

---

[7] Michael Oakeshott, *Morality and Politics in Modern Europe*. Ed. Shirley Robin Letwin. New Haven and London, Yale University Press, 1993. *On Human Conduct*. Oxford, The Clarendon Press, 1975. Ver também "The Vocabulary of a Modern European State", in *Political Studies*, 1975. Há um segundo tema nos anos de 1950: restringir as reivindicações universalizantes do racionalismo moderno, evocando o sentido poético do deleite e da contemplação. Isso foi concretizado em *The Voice of Poetry in the Conversation of Mankind*. London, Bowes & Bowes, 1959.

e do que poderiam realizar. A descrição da "associação civil" em *On Human Conduct* se mostra compatível com uma disposição cética na política, sendo um modelo coerente de como responder à situação política moderna. Pessoas com objetivos divergentes que, no entanto, devem conviver juntas na mesma comunidade política são beneficiadas por uma organização baseada na civilidade e no formalismo, em vez de em um propósito unificador que apenas alguns aprovarão de bom grado. A civilidade e o formalismo mitigam o dilema de estabelecer distâncias adequadas entre si.[8] Oakeshott considerava a "associação empresarial" um modelo inadequado para o Estado moderno, uma vez que pressupõe um único propósito unificador. Associações empresariais são adequadas apenas para associações voluntárias de indivíduos que subscrevem, e também podem abandonar, uma iniciativa comum.

Morality and Politics in Modern Europe buscou subverter uma das principais razões para aumentar o poder dos governos, mostrando que as pessoas, como seres individuais, não podem se aperfeiçoar pela imposição de algo que se aplica à comunidade em uma base individualista. Isso porque o autoentendimento faz com que a

---

[8] Oakeshott fez uma menção sucinta a respeito: "Houve uma vez, de acordo com Schopenhauer, uma colônia de porcos-espinhos. Eles costumavam se amontoar em um dia frio de inverno e, assim, envoltos no calor comunal, escapavam do congelamento. Mas, atormentados com as picadas dos espinhos uns dos outros, acabavam se afastando. E toda vez que o desejo de calor os unia novamente, a mesma dificuldade os dominava. Assim eles permaneceram, distraídos entre dois infortúnios, incapazes tanto de se tolerarem como de sobreviver um sem o outro, até que descobriram que, quando guardavam certa distância, podiam não só apreciar a individualidade mas também a proximidade dos demais. Eles não atribuíram nenhum significado metafísico a essa distância, nem imaginavam que fosse uma fonte independente de felicidade, como encontrar um amigo. Eles a reconheceram como uma relação não em termos de prazeres substantivos, mas uma consideração contingente a ser determinada para si mesmos; sem se darem conta, tinham inventado a associação civil". "Talking Politics" (1975), in *Rationalism in Politics* (edição de 1991), p. 460-61.

individualidade não se reconcilie com as aspirações comuns. Quando a síntese é tentada, o resultado é uma pseudo-ordem falsa. Não há como recuperar o que alguns imaginavam ser uma alternativa clássica ou medieval acessível. Oakeshott mostrou por que uma fusão dessas alternativas nunca será satisfatória.

Em *A Política da Fé e a Política do Ceticismo*, ele avalia a base histórica desses tipos de aversão. A visão de Oakeshott sobre o conflito entre sentimentos individualistas e comunais assemelha-se à distinção de Benjamin Constant em "A Liberdade dos Antigos Comparada à dos Modernos", um ensaio que ele admirava.[9]

Ao mesmo tempo, *A Política da Fé e a Política do Ceticismo* representa uma tentativa importante de organizar, em uma única expressão, os diversos argumentos dos ensaios bem conhecidos de Oakeshott das décadas de 1940 e 1950.[10] Convencido das vantagens do estilo ensaístico, especialmente quando praticado por Montaigne, Oakeshott escolheu nesse período publicar ensaios ocasionais, protegendo-se contra o que, para ele, se não para outros, poderia parecer uma exposição demasiado sistemática de seu pensamento. No período de sua intensa crítica ao "racionalismo" desde o fim da Segunda Guerra Mundial até a publicação de *Rationalism in Politics* em 1962, ele conscientemente não aderiu ao estilo acadêmico predominante. Ele queria evitar a crítica racionalista do racionalismo.[11] No entanto, ao

---

[9] Esse ensaio ou discurso de 1819 pode ser encontrado em Benjamin Constant, *Political Writings*, traduzido e editado por Biancamaria Fontana. Cambridge, Cambridge University Press, 1988, p. 308-28. Em contraste, Oakeshott considera um fracasso o esforço anterior de Rousseau para conciliar o conflito.

[10] Os leitores de *Rationalism in Politics* irão facilmente colher temas e expressões desses ensaios ao longo deste livro.

[11] Ele observa em *Road to Serfdom*, de F. A. Hayek, que a resistência ao racionalismo foi "convertida em ideologia" e que "um plano para resistir a todo planejamento pode ser melhor que seu oposto, mas pertence ao mesmo estilo político". *Rationalism in Politics*. New York, Basic Books. Ed. de 1962, p. 21; ed. de 1991, p. 26.

longo desse período, ele continuou a escrever também de forma mais sistemática, como agora fica evidente. *A Política da Fé e a Política do Ceticismo* oferece a alternativa de uma expressão fundamentada. Complementa os trabalhos já publicados, iluminando o pensamento de Oakeshott sobre a política e o governo modernos, adaptando sua visão acerca da atividade interpretativa do estudante de filosofia política, como ele havia elaborado em dois ensaios da década de 1940, "The Concept of a Philosophy of Politics" e "Political Philosophy".[12]

A polaridade nos modos de pensamento e conduta políticos que Oakeshott identificou não foi resolvida ou superada. Ele achava que isso somente poderia acontecer se uma dessas abordagens da política e do governo encontrasse um modo de acabar com o debate derrotando o adversário, liberando-se assim para avançar em direção a uma realização extrema de sua própria aspiração. A oposição tem sido mediada na prática, contudo, em um relutante reconhecimento da presença do outro e do medo dos extremos sempre que realmente parecem intimidar. Fora disso, constituiu-se o campo no qual as lutas políticas se desenrolam. Mesmo analisando o caráter dessas alternativas, filosófica e historicamente a intenção de Oakeshott era mostrar a base para manter um equilíbrio, ou, como em sua famosa frase, "equilibrar" um navio que navega em um mar sem limites e abismal.[13] De fato, essa é a explicação ampliada dos argumentos de sua conferência inaugural de 1951. Para manter o equilíbrio, o valor da política do ceticismo deve ser restaurado para inibir os perigos da

---

[12] Ver *Religion, Politics and the Moral Life*, de Michael Oakeshott.

[13] "Na atividade política, então, os homens navegam em um mar sem limites e abismal; não há porto para abrigo, tampouco píer para ancoragem, nem ponto de partida nem de destino. A empreitada deve manter-se em equilíbrio; o mar é tanto amigo como inimigo; a navegação consiste em utilizar os recursos de uma maneira tradicional de comportamento para fazer um amigo a cada ocasião hostil." *Rationalism in Politics*, ed. 1962, p. 127; ed. 1991, p. 60. Ele continua a observar que isso parecerá "indevidamente cético" para aqueles com um plano ou visão de futuro.

dominação excessiva pela política da fé. Escolher a política do ceticismo, portanto, não consiste em se engajar em uma política reacionária, mas na atuação "estivadora" do estadismo. O que os políticos praticantes precisam não é de uma doutrina, mas de uma visão dos limites e possibilidades de sua situação.

Oakeshott não achava que explorar filosoficamente a política pudesse produzir uma doutrina simples e unificada. O estudo filosófico da política, como a entendeu, não é uma forma mais elevada, mais abstrata, de defender políticas. Tentar compreender a política de forma filosófica é um compromisso fundamentalmente diferente de tentar, ao transpor a discussão da política em termos teóricos, justificar ações específicas. Compreender a política filosoficamente é entender, de determinada perspectiva, o que os agentes políticos não podem assumir com facilidade. Para o investigador filosófico, não importa de que lado esteja, só pode apresentar essa inclinação revelando razões que considera persuasivas, expondo sua posição para aprofundar a investigação filosófica. Buscar algo a mais implica abandonar a reflexão filosófica, preferindo a persuasão e a ação no lugar de um convite para prolongar uma conversa inacabada. Não se pode apenas unificar o entendimento filosófico com a ação prática. A tentativa de fazê-lo necessariamente sacrificará o esforço filosófico para esse entendimento: o filósofo, como filósofo, só pode buscar a compreensão para seu próprio benefício.[14]

O desprendimento de Oakeshott reside em explicar como cada um dos dois modos de pensar alcança coerência com base em suposições que não questiona. Inevitavelmente, as conjecturas concretas de cada

---

[14] Vale considerar a análise de Oakeshott, nas primeiras páginas de *On Human Conduct*, acerca da Alegoria da Caverna de Platão. Oakeshott aceitou a possibilidade de "ascensão" da caverna (mas não a reivindicação de um compromisso superior), e não achou que o "retorno" traz de volta a sabedoria sobre como reorganizar a caverna. Para ele, a filosofia ensinava a fragilidade do conhecimento humano. Ele era socrático nesse aspecto.

estilo de pensamento excluem outras possíveis, que, uma vez incluídas, introduziriam uma incoerência explícita na compreensão prática de uma pessoa, restringindo sua prontidão para agir e abrindo o questionamento sobre a adequação do seu conhecimento sobre o que fazer.

Seu desprendimento é limitado, no entanto, em seu elogio à obra *The Character of a Trimmer*, de Halifax, que apresenta a figura do estivador, aquele que tem a habilidade de manter o navio em estado de equilíbrio. O que Oakeshott encontrou aí não foi uma dúvida absoluta e cética, mas uma moderação das expectativas que assinalam a prática em oposição ao ceticismo filosófico. O ceticismo do "estivador", confrontado com a política da fé, procura moderar o conflito, pois a necessidade de mudança pode ser admitida sem o estímulo de expectativas ilusórias. "O 'estivador' é aquele que dispõe de seu peso para manter o barco equilibrado [...]. Está preocupado em evitar que a política rume aos extremos [...]. Poderá ser visto lidando em qualquer direção que a ocasião exija para que o barco possa prosseguir".[15]

Ao utilizar os termos "política da fé" e "política do ceticismo", Oakeshott deixa de lado a dicotomia referida de "antigos" e "modernos";[16] os polos alternativos, para ele, são igualmente modernos. Surgiram de forma coesa e se desenvolveram nos últimos cinco

---

[15] A obra *The Character of a Trimmer*, de Halifax, "foi uma das muitas tentativas de induzir o princípio da 'moderação' das condições da política moderna [...]. Pois, embora o próprio estilo cético seja em si mesmo um extremo, sua extremidade não consiste em impor um padrão único de atividade a uma comunidade e, consequentemente, desfruta [...] de uma tolerância característica, que insinua uma doutrina mais ampla da moderação" (páginas 185-86 desta edição).

[16] "Em primeiro lugar, vou me concentrar somente na política moderna. Algumas características da política moderna têm, sem dúvida, sua correlação em outro lugar, por exemplo no mundo antigo. Mas é uma correspondência sombria, [...]. E a política moderna, no que me diz respeito, envolve hábitos e maneiras de conduta política e reflexão que começaram a surgir no século XV, e aos quais nossos hábitos e costumes atuais se vinculam em uma linhagem ininterrupta" (páginas 29-30 desta edição).

séculos, constituindo a estrutura intelectual da vida política moderna, que, em termos práticos, tem sido uma disputa contínua sobre se o poder de controle sem precedentes, cada vez mais disponível e atraente aos governos, deve ser disperso ou agregado para alcançar o "controle minucioso e abrangente de todas as atividades".[17]

Oakeshott, sem dúvida, descreveu a si mesmo como um cético, "alguém que faria melhor somente se soubesse como".[18] Neste trabalho, ele expressa de maneira mais completa e poética que:

> [A] visão perturbada da fraqueza e da perversidade do homem e a transitoriedade da realização humana, às vezes profundamente sentida (como em Donne e Herbert), às vezes elaborada filosoficamente (como em Hobbes, Espinosa e Pascal), às vezes moderada e irônica (como em Montaigne e Burton), foi, quando se passou a contemplar a atividade de governar, o nascimento de um ceticismo político [...] que diminui o fascínio do futuro dourado previsto na visão de fé".[19]

Na prática, a política do ceticismo não é idêntica ao ceticismo filosófico, que é cético sobre a política do ceticismo, bem como sobre a política da fé. O espírito animador de cada estilo de política encontra sua "nêmesis" sempre que o desejo de uma expressão absoluta de sua forma pura ou ideal assume o controle. A política da fé é sempre suscetível aos últimos planos para aprimorar a Torre de Babel; a política do ceticismo é facilmente devolvida ao mero jogo pelas regras do jogo, negando o extraordinário.

Avançar além desse legado ambíguo da "fé" e do "ceticismo" exigiria sabedoria e discernimento que Oakeshott não acha que podemos alcançar. Há pouco a ganhar se pressionarmos um ou outro ideal ao extremo, mas há um risco enorme: a infelicidade de ver o presente "como um interlúdio entre a noite e o dia" e, portanto, apenas como

---

[17] P. 148.

[18] "Political Education", in *Rationalism in Politics*. Ed. 1962, p. 111; ed. 1991, p. 44.

[19] P. 126-27.

um "crepúsculo incerto".[20] Os extremos implicam que a forma abstrata de qualquer dos ideais corresponde a uma ordem latente oculta no interior, deturpada, ou aguardada, pela ação na história.[21] Mas a história não tem um padrão ideal nem um estado final, seja inevitável ou desejável. Aqueles que buscam tais coisas serão sempre frustrados no esforço de colocá-las em prática, e causarão muita dor durante o processo.

Se a política da fé superestima as possibilidades da ação humana, a política do ceticismo as subestimará ou deixará de reconhecê-las. Nem a política da fé nem a política do ceticismo podem compreender toda a política. A afirmação de uma desperta a resposta da outra, recriando continuamente o campo sobre o qual devemos operar.[22] Não podemos conceber quaisquer princípios ou proposições simples para dominar o complexo campo de ação em que estamos situados. Assim, a política, na formulação agora famosa de Oakeshott, é a "busca de insinuações".[23] O que é necessário, então, é o estivador: alguém que compreende a tradição política de forma abrangente, não se irritando com suas limitações, mas disposto a considerar novas possibilidades.

Não há maneira, à prova de erro, de decidir o que deve ser feito. Não podemos saber que, por termos conseguido passar por uma situação, faremos bem (ou não tão bem) na próxima. Isso é verdade para todos os praticantes, sejam eles orientados pela política da fé ou pela política do ceticismo. A vantagem do cético é modesta: ele pode cometer menos erros ao não esquecer que a política não pode jamais

---

[20] P. 156.

[21] Procurar o meio-termo adequado é o conselho prático de Oakeshott, não o seu implacável, subversivo e filosófico compromisso de dissecar as alternativas sem se preocupar com o que seus praticantes podem ou não fazer.

[22] Oakeshott, mesmo numa época em que muitos o consideravam no seu momento mais político (porque, dizem, ele estava perturbado com a ascensão do Partido Trabalhista britânico), teorizava toda a política moderna, não apenas as manifestações britânicas locais e correntes.

[23] "Political Education", in *Rationalism in Politics*. Ed. 1962, p. 124-25; ed. 1991, p. 57-58.

transcender a busca das insinuações.[24] A disposição cética é mais aberta às contingências da condição humana manifestada na história, sua função agregadora sugerindo sobriedade quando os outros são exuberantes. "Na política da fé", afirma Oakeshott,

> "a decisão e a iniciativa políticas podem ser entendidas como respostas a uma percepção inspirada do que é *o* bem comum, ou podem ser entendidas como a conclusão que acompanha de um argumento racional; mas jamais podem ser entendidas como um expediente temporário ou apenas como algo que se faça para manter as coisas funcionando".[25]

Ao passo que a política do ceticismo

> (vista como um estilo abstrato de política) tem suas raízes na crença radical de que a perfeição humana é uma ilusão, ou, na visão menos radical, de que sabemos tão pouco sobre as condições da perfeição humana que se torna imprudente concentrar nossas energias em uma única direção [...] buscar a perfeição em apenas uma direção [...] é um convite para o desencanto e [...] a aflição no caminho.[26]

Em resumo, para o ceticismo político, a atividade de governar nos deixa questões importantes a atender, mas nenhum propósito

---

[24] Oakeshott quer dizer que a política *não pode* não ser a busca de insinuações. A "política da fé" não é uma fuga da inevitabilidade de buscar insinuações, mas um equivocado e muitas vezes autoengano. O que inibe a moderação é o imenso poder disponível na modernidade e o fracasso em evitar a guerra e o conflito internacionais que colocam os governos em estados contínuos de emergência.

[25] P. 62.

[26] O ceticismo "considerado abstratamente" é o que os céticos poderiam dizer se fossem chamados a oferecer uma defesa autoconsciente de sua posição, ao contrário de considerá-la garantida. A política da fé pode ser levada adiante por indivíduos cuja "percepção inspirada" do bem comum não é filosoficamente refletida. Para Oakeshott, a política é uma intervenção limitada, não destinada diretamente a alterar práticas. Ações específicas não decorrem da reflexão filosófica, e a conduta é sempre específica. Se os praticantes de ambos os lados considerassem sua análise e a conectassem a suas visões e ações específicas, eles o fariam por suas próprias luzes (páginas 68-69 desta edição).

compreensivo. Tampouco tal governo reivindica estar encarregado de uma maneira preferida de viver que se sente no direito de encorajar à custa de alternativas. O objetivo não é dizer às pessoas como viver, mas manter arranjos dentro dos quais as pessoas possam buscar com segurança a notável multiplicidade de possibilidades imagináveis que os seres humanos, deixados à própria sorte, produzirão. Assim, "o cético entende [a ordem] como uma conquista grandiosa e árdua, mas nunca fora do alcance da decadência e da dissolução".[27] Essa ordem, em um quadro de direitos, deveres e meios de reparação, constitui o que Oakeshott chama de "ordem superficial".

Por "ordem superficial", Oakeshott quer dizer um arranjo formal que se sobrepõe a um conjunto mais profundo e abrangente de relações humanas que vive e se movimenta, tendo sua existência separada de qualquer projeto governamental, e que nenhum governo jamais compreenderá ou subjugará. A principal tarefa da ordem superficial é manter a ordem mais profunda e "aprimorá-la" no sentido de ajustar seus arranjos explícitos, como demandarem as mudanças nas circunstâncias. O cético, afirma Oakeshott, pensa no governo "como o alho na cozinha [...] [para ser] utilizado de forma que apenas sua ausência seja notada".[28] O governo é interminável porque a ordem superficial:

> nunca foi concebida como um todo, e a coerência que possui é produto do reajuste constante entre suas partes [...] o sistema da ordem superficial é sempre capaz de se tornar mais coerente. Meditar sobre esse sistema e torná-lo mais coerente ao responder a suas insinuações é uma forma de aprimorá-lo que pertence (no entendimento do cético) à função do governo [...] a barbárie da ordem surge quando a ordem é buscada por si mesma e quando sua preservação envolve a destruição daquilo sem a qual ela se torna apenas a ordenação de um formigueiro ou de um cemitério.[29] O governante modesto desse

---

[27] P. 70.
[28] P. 75.
[29] P. 73.

estilo não se considera mais apto que seu vizinho para determinar um curso geral da atividade humana.

Este, então, é um ensaio contra o excesso político e a barbárie da ordem pervertida. É uma avaliação das políticas e doutrinas do século XX que produziram muitos cemitérios. E é admoestação – um chamado à recordação – àquelas políticas em que a disposição cética permanece um recurso para deliberação. Ele nos pede para viajar um pouco fora da caverna de preocupações políticas, para nos familiarizarmos com o terreno de uma compreensão mais ponderada da política. A política da fé, em nossos dias, muitas vezes parece ser mais um lamento pela perda da visão, e pela divisão inevitável do propósito, que uma celebração da promessa cumprida. Se quisermos entender melhor por que isso deveria ser assim, podemos muito bem começar por aqui.

Capítulo 1 | Introdução

I

Para alguém que não fala como filósofo nem como historiador, e cujo conhecimento das coisas não é maior que a média de seus semelhantes, falar sobre política requer uma justificativa. O filósofo encontra nesse campo diversos problemas sobre os quais gostaríamos de ouvir suas reflexões; com o historiador, podemos aprender sobre a forma como surgem as mudanças que chamamos de experiência política de uma sociedade; talvez o homem de negócios possa ter uma informação reveladora a transmitir ou algum comentário a fazer. Cada um, de seu próprio ponto de vista, pode ter algo pertinente a dizer, como (exceto aquilo com que alguns poucos especialistas venham a contribuir) tudo o que se pode considerar oportuno. Todavia, falar informalmente, de nenhum modo em particular, pode ser considerado algo perigoso ou um tanto inútil: perigoso, pois falta a disciplina de uma técnica; inútil, pois podemos realizar uma colheita e não saber o que fazer com o produto. No entanto, essa é a maneira como me proponho a falar. E, deixando o que tenho a dizer se defender por si só e encontrar seu próprio nível de pertinência, buscarei escapar de uma informalidade absoluta estabelecendo alguns limites arbitrários próprios.

Em primeiro lugar, vou me concentrar somente na política moderna. Algumas características da política moderna têm, sem dúvida, sua correlação em outro lugar, por exemplo no mundo antigo. Mas é uma correspondência sombria, e me proponho a não me aventurar em comparações com o que é, em detalhes, incomparável com nossa conduta e reflexão políticas. "A política moderna", diz Lord Acton, "conta como os últimos quatrocentos anos modificaram as condições medievais de vida e pensamento." E a política moderna, no que me diz respeito, envolve hábitos e maneiras de conduta política e reflexão que começaram a surgir no século XV, e aos quais nossos hábitos e costumes atuais se vinculam em uma linhagem ininterrupta. Isso nos fornece um longo período para cobrir; mas não tão longo. De modo geral, o vício da reflexão política contemporânea reside em lançar uma excessiva visão sobre o futuro e um escasso olhar sobre o passado. Parece que adquirimos um hábito de pensamento, segundo o qual o que é relevante na política moderna (independentemente de gostarmos ou não) data da Revolução Francesa, ou de 1832 ou de 1640. Esse é um hábito inadequado porque, ao reduzir a linhagem de nosso caráter político, restringimos o nosso entendimento sobre ele.

Em segundo lugar, como já é evidente, concentro-me na política moderna da Europa Ocidental e, em particular, na política britânica. Este é um tempo em que as idiossincrasias, e não o estilo, de nossas finalidades e crenças políticas se espalharam pelo mundo, de modo que se tornou difícil discernir mais que um só (embora internamente complexo) caráter político: as iniciativas e expectativas políticas (que, sem dúvida, diferenciam-se apenas em detalhes) são assimiladas por um hábito de comportamento mais uniforme que antes. Aquilo que está disponível pode ser observado de igual maneira em um lugar ou outro. Dado que essa uniformidade de caráter não é apenas imperfeita, mas também ilusória em alguns aspectos, e que se trata (onde quer que exista) de um produto da evangelização e não de um crescimento próprio, é de esperar que o estudo do caráter seja mais proveitoso onde ele nasceu e cresceu do que onde tende (como caráter adotado) a se sentir desconfortável.

Em terceiro lugar, não vou me preocupar com cada aspecto das nossas crenças e finalidades políticas, mas com apenas um de seus aspectos: o governo, ou mais especificamente, com a atividade de governar e de ser governado. Se alguém considerar a política medieval, isso soaria como uma restrição absurda da matéria, mas é característico das comunidades da Europa moderna poderem ser analisadas em termos de governantes e governados, sendo estes muito mais numerosos que aqueles. De fato, isso é, para nós, uma das marcas mais distintivas de uma comunidade política, e não depende da apreciação de qualquer forma de constituição. Além disso, é intrínseco ao cargo do governante estar autorizado a exercer o poder em face dos governados. As atividades dos membros de uma comunidade política não podem, obviamente, ser resumidas ao exercício de poder do governante e à prática de submissão dos governados. Sem dúvida, há outras formas de perceber uma sociedade. Mas esse é um traço de todas as comunidades políticas, o qual justamente me proponho a considerar. Irei me ocupar com as atividades de governar e ser governado, bem como com os entendimentos a respeito dessas atividades.

Além disso, esses entendimentos se relacionam, em geral, com dois aspectos distintos do governo, embora conectados entre si. Ambos dizem respeito aos seguintes questionamentos: *Quem deve governar e sob qual autoridade?* e *O que o governo (constituído e outorgado[1] por qualquer forma que julgarmos adequada) deve fazer?*

---

[1] Oakeshott utiliza, em diversos momentos, a expressão *authorization* para se referir à instituição da autoridade política, ou seja, à forma pela qual o governo *adquire autoridade* para governar; não se pode esquecer que, para o autor, a natureza da autoridade política é uma questão teórica distinta da atividade de governar em si, ou seja, daquilo que os governos devem fazer. Sua tradução literal é *autorização*, o que não é incorreto nem mesmo impreciso nesse contexto. Por outro lado, em virtude de seu uso corrente na língua portuguesa, especialmente quando associada ao governo, a expressão *autorização* poderia induzir o leitor a relacioná-la à atividade de governar (*autorização* como, por exemplo, a permissão do governo para alguma coisa) e não à questão específica da autoridade (*autorização* como o ato de estabelecer a

É justamente essa segunda questão que me proponho a avaliar primordialmente.

A história da moderna política europeia tem sido descrita, com mais frequência, com atenção fixa na primeira dessas questões. Consequentemente, é representada como a história das mudanças que surgem em nossas práticas e pensamentos acerca da constituição e do estabelecimento da autoridade do governo. E essa história tem sido contada de maneira tão repetida e eloquente que somos quase persuadidos de que se trata da história completa. A assertiva que inspirou esse desvio de atenção parece ser a crença de que as finalidades do governo derivam diretamente de suas constituições. Resolvida a primeira questão, a segunda também estaria naturalmente resolvida. Contudo, uma pequena reflexão nos diz que isso não é bem assim: não há nenhuma relação simples ou direta a ser identificada entre a constituição e os propósitos do governo. Devemos considerar tal relação do modo como ela se revela de tempos em tempos; todavia, minha maior preocupação será com o outro lado da história do governo moderno, com nossas práticas e pensamentos sobre o exercício de poder pelo governo – não para contá-la como o faria um historiador, mas para refletir e comentar sobre ela.

Esses, portanto, são os limites do nosso estudo. É evidente que, em tempos modernos, os governos se acostumaram a fazer e a tentar aquilo que em outros tempos não realizaram ou não tentaram. É também claro que tudo aquilo que nos habituamos a pensar, sobre o que deve ou não ser feito, não é apenas aquilo que sempre se pensou. O mundo moderno revela um caráter próprio em ambos os aspectos. Meu propósito é explorar esse caráter. E, embora meu método seja informal, subsistem algumas questões específicas para as

---

autoridade do governo). Para evitar esse tipo ambiguidade, optou-se por traduzir *authorization* como *estabelecimento da autoridade*, *outorga da autoridade* ou apenas *autoridade*, dependendo da ocasião e também por uma questão de estilo e fluidez do texto. (N. T.)

quais gostaria de encontrar respostas: Qual é a criação e o caráter da prática de governar no mundo moderno? Como essa prática tem sido entendida? Qual é a criação e o caráter de nossos entendimentos sobre o adequado exercício do governo? Ao tentar responder a essas questões, procurarei demonstrar a conexão entre elas.

Mas, primeiramente, devo explicar uma distinção que elaboro entre as práticas e o entendimento das práticas de governo, visto que se trata de uma distinção de investigação e não de princípio. Um governo poderá se esforçar para realizar certas coisas: Henrique VIII poderia dissolver os mosteiros ingleses; uma administração do século XX poderia proteger determinadas indústrias da competição estrangeira. Por um aspecto, a dissolução e a proteção são meramente eventos. Assim, tudo o que podemos saber sobre eles é o mesmo tipo de coisa que podemos saber sobre um terremoto ou uma epidemia; notavelmente, seu curso e, se perseverarmos profundamente, algumas das modificações e desdobramentos que eles causaram. Todavia, os eventos que nos preocupam não são meros eventos: são ações humanas. Compreendê-las significa saber interpretá-las. Por "interpretação", não me refiro a descobrir alguma coisa que se encontra fora do mundo das ações, como, por exemplo, descobrir o que estava "na mente" do legislador antes de executar a ação, ou descobrir seus "motivos", ou mesmo suas "intenções": esses são mecanismos desnecessariamente complicados ou enganosos para descrever o que fazemos quando tentamos elucidar uma ação. A característica das ações não é que elas sejam precedidas por "decisões" ou "intenções", as quais podem ser obscuras e profundas, mas, simplesmente, que não podem ser compreendidas de maneira isolada. Saber como ler uma ação, saber o que ela significa, interpretá-la, é considerá-la em seu contexto, um contexto composto inteiramente de outras ações. E, até que entendamos dessa maneira, não conhecemos seu significado. Por exemplo, a dissolução dos mosteiros pode ser interpretada como uma ação para aumentar a receita da Coroa, ou como um movimento para extirpar o erro religioso; a proteção pode ser entendida como uma prosperidade crescente ou como um movimento para tornar o país mais preparado para suportar um cerco, mesmo à custa da prosperidade. E cada um, entendido de um modo em detrimento de outro, torna-se uma ação distinta, não porque alguma coisa tida como sua "intenção" seja diferente, mas porque pertence a contextos distintos de atividade. É sensato, portanto, distinguir as ações do governo do entendimento sobre elas, não porque sua compreensão exige que as examinemos com profundidade, mas porque as ações podem ser lidas de diversas maneiras, podem pertencer a contextos diversos e, a menos que possamos distingui-los, podemos ser induzidos a erro. Por outro lado, isso não é uma distinção de princípio, visto que a qualidade de uma ação, o que ela é, não pode ser separada da própria ação. O que devemos investigar não são duas coisas (a ação e seu significado), mas apenas uma, qual seja, o caráter concreto da ação em seu contexto de atividade.

Agora, quando nos perguntamos "o que é próprio da função do governo?", não podemos (se a questão for capaz de ser respondida) considerar meros eventos ou resultados de eventos. Eventos simplesmente acontecem; eles não têm propriedade. E os resultados de eventos são sempre impossíveis de ser identificados, embora algumas das modificações e desdobramentos que eles ajudam a provocar talvez possam ser percebidos. Não há nenhuma razão pela qual devamos acreditar que eles são mais significativos que outros que permanecem obscuros, ou que ao menos sejam significativos, e não há nenhum meio de determinar a contribuição exata de cada evento para o deslocamento observado. Nessa questão de propriedade, o que estamos tentando deliberar é a propriedade de ações realizadas ou a serem realizadas por governantes. E, uma vez que não podemos julgar a propriedade dessas ações até que saibamos o que são, nossas crenças sobre o que é próprio da função do governo são crenças sobre a propriedade de ações lidas ou interpretadas de uma maneira particular. Em suma, estamos preocupados, nessa questão de propriedade, não com ações tomadas singularmente (ou seja, com ações cujo significado ou caráter permanecem indeterminados), mas com ações em seu contexto de atividade.

Sugere-se, algumas vezes, que nossos pensamentos e crenças sobre o que é próprio da função do governo podem ser e são premeditados ante nossa experiência e compreensão da função do governo. Não restam dúvidas de que há muita verdade nessa sugestão – que tais pensamentos e crenças raramente refletem ideias que podemos ter acerca da propriedade na conduta humana em geral. Mas penso que isso não nos levaria muito longe: pelo menos possuem uma relevância muito limitada para as ideias atuais do mundo moderno acerca do papel do que é próprio da função do governo. Essas ideias gerais sobre a conduta humana dizem respeito ao comportamento individual dos sujeitos em suas relações com o outro, e se alguma coisa é geralmente verdadeira sobre nosso entendimento do governo em tempos modernos é porque, diferentemente da Idade Média, observamos uma distinção entre o cargo e a pessoa. Aquilo que consideraríamos impróprio para a pessoa não o é, necessariamente, para o cargo. Ninguém acredita que as relações entre governo e sujeito se encontram em sintonia completa com as relações entre um sujeito e outro. Os fundamentos e a origem dessa distinção podemos deixar para mais adiante; mas, dado que nos tempos modernos ela se observa de maneira universal, devemos supor que nossos pensamentos e crenças sobre o que é próprio da função do governo se integram com o que pensamos que possa ser obtido mediante o exercício do poder governamental ou com o que vemos que os governos realizam ou tentam realizar, por aquilo que estamos habituados a esperar que se tente ou não se tente, além de nossas crenças atuais acerca das direções e objetivos apropriados da atividade humana. Espero que se aclare toda e qualquer imprecisão que possa subsistir neste relato da origem de nossas crenças acerca do que é próprio do exercício do governo.

Agora, já que devemos considerar nossa maneira de compreender as atividades do governo e nossos pensamentos acerca do que é próprio da função do governo, resta mais uma questão a ser resolvida: para onde deveremos olhar a fim de avistar o objeto que desejamos examinar? Acredito que existem três fontes de informações a ser utilizadas. Poderíamos tentar descobrir aquilo que se crê sobre essas coisas no mundo moderno observando o que os governos realizaram ou estão tentando realizar, reparando na forma com a qual estamos habituados a falar das atividades do governo e considerando os escritos de homens que, de tempos em tempos, revelaram suas ideias sobre o assunto.

Evidentemente, essas três fontes – a prática, o discurso e os escritos – não são independentes entre si. Embora seja um exagero nosso a assertiva de que o discurso sempre segue a prática e os escritos sempre decorrem do discurso, buscarei demonstrar que há um importante sentido que torna a prática primordial. Por prática, entendo o padrão de atividade política no mundo moderno. Ela pode ser estabelecida em um modo específico de fazer as coisas, que, em grande medida, determina aquilo que é tentado e o que é realizado; durante algum tempo, tornou-se mais experimental, condicionada por hábitos de conduta mais gerais e refletindo mudanças neles; ocasionalmente, poderia explicar-se em termos de uma ideia abstrata. Todavia, qualquer que seja seu caráter atual, a prática representa o contexto por meio do qual interpretamos e entendemos as ações individuais; deve ser compreendida como um padrão e não como um argumento.

Certos tipos de discurso poderiam ter endurecido a prática, tornando seu significado mais óbvio; os escritos poderiam, ocasionalmente, afiar suas bordas para obter uma clareza e definição que, de outro modo, jamais conseguiriam. Todavia, enquanto a prática e o discurso se desenvolvem abertamente e em uma comunicação recíproca contínua, os escritos que tenho em mente são enunciados ocasionais, interrupções no fluxo do discurso e da prática, que carregam sempre a nítida impressão de uma individualidade, sendo fontes de informação acerca da compreensão atual da atividade de governar. Não devem ser desprezados, mas utilizados com a devida precaução.

Desde muito, aprendemos a desconfiar dos escritores medievais que especulavam sobre a política quando buscávamos descobrir como a política medieval realmente era, e uma suspeita similar não é descabida na época moderna. Assim como as grandes formulações da doutrina cristã dão uma ordem e uma sutileza que superam em muito a piedade, digamos, de um camponês da Calábria ou de um chinês convertido, ou mesmo a piedade da vasta maioria dos crentes, e assim como um espelho côncavo reunirá em uma concentração exagerada os objetos dispersos em uma sala, esses fragmentos de escritos políticos muitas vezes transmitem uma coerência magnífica a nosso entendimento sobre a atividade de governar que devemos levar em conta. Caso sejam usados de maneira adequada, podem iluminar aquilo que, de outro modo, poderia permanecer oculto. Se, por exemplo, esses escritos revelam incerteza, hesitação ou equívoco, podemos supor que temos alguma prova da falta de harmonia de proporções ainda maiores na compreensão menos exata que informa o discurso e a atividade cotidianos. Portanto, pode-se dizer que, dessas três fontes de informação sobre nosso entendimento do governo e sobre o que é próprio da atividade de governar (o padrão da prática, o discurso e os escritos), a primeira é a mais confiável, a segunda é a mais abundante e reveladora, e a terceira é a mais difícil de interpretar.

II

Desse modo, nosso ponto de partida não é uma ideia simples e precisa da função do governo ou nossa compreensão exata das atividades próprias ao governo; partimos de uma atividade realizada (a de governar) e de uma experiência vivida (a de ser governado). A atividade e a experiência suscitam os discursos sobre os quais se escreve, de tempos em tempos, em diversos níveis de compreensão.

Agora, a primeira coisa a ser observada sobre a atividade de governar na Europa moderna é que não se trata de uma atividade simples, monolítica ou homogênea. Nunca houve nenhuma dessas qualidades e, com o decurso do tempo, sua complexidade tem aumentado; como diria o poeta do século XVI, ela tem sido "alimentada com o leite de muitas enfermeiras". Esse caráter variado do nosso modo de governar se reflete, invariavelmente, na maneira com que falamos a respeito e na dificuldade que temos em entendê-lo.

É possível imaginar uma atividade de governar dirigida a um único fim ou a um sistema homogêneo de finalidades, dotada de um caráter puro. E a história poderia revelar, até mesmo, a existência de sociedades cujo governo é, por assim dizer, de puro sangue, mesmo sendo improvável que tais sociedades carecessem de complexidade. Mas a política das sociedades de que estamos tratando, as da Europa moderna, não é desse tipo. Até mesmo a política da antiga Atenas revela um caráter múltiplo e dividido, e certamente, desde a queda do Império Romano do Ocidente, nenhuma sociedade europeia pode pretender ter desfrutado de instituições políticas que não sejam mescladas: sua geração tem sido híbrida, e a diversidade de sua origem é representada na ausência de homogeneidade de caráter, que não aponta em uma única direção, mas em muitas. E não apenas aquilo que talvez possa ser chamado de o complexo de sistemas políticos da Europa (aqueles aglomerados de instituições que moldam o comportamento político dos povos), mas cada uma das instituições que integra cada um desses sistemas é, em si mesma, híbrida na geração e mista no caráter.

Por exemplo, o que denominamos a instituição da monarquia na Inglaterra medieval (quer dizer, como os reis estavam acostumados a se comportar e o que se pensava sobre como deveriam se comportar) é, de fato, uma conjunção da monarquia anglo-saxã, do senhorio feudal e da fé cristã, com uma injeção, em uma etapa posterior, do estilo romano imperial e de uma dezena de outros ingredientes, dos quais nenhum deles se encaixa perfeitamente com os outros, sendo que cada um já possuía um caráter complexo. Ou, ainda, as instituições representativas da Europa moderna não são apenas diversas, mas cada uma delas é um híbrido, cujas linhagens exibem o aporte de grande variedade de fontes e cuja operação carrega, cotidianamente, sua origem heterogênea. O mesmo se aplica, é claro, aos sistemas jurídicos europeus; nenhum é de puro sangue; todos são uma miscelânea. Em suma, os hábitos e as instituições que formam nossos modos de governar não são nem unidades racionais nem coleções fortuitas, mas composições históricas.

Por essa razão, se não for por nenhuma outra mais filosófica, é perigosamente equivocado considerar qualquer de nossas instituições políticas como instrumentos concebidos para servir a um propósito específico. Uma instituição política, pouco importa quão heterogênea seja sua origem, pode, em algum momento, ser usada para a realização de um objetivo específico e útil, permitindo-nos fazer algo que desejamos ou impedir que aconteça algo que queremos evitar. Todavia, atribuir-lhe essa função como o propósito a que se destina é, no melhor dos casos, uma maneira informal de falar: seu propósito, se é possível dizer que tenha algum, é seu lugar no sistema, e quase não há limite para os desdobramentos que se seguem à eliminação de qualquer instituição política importante. E, além disso, é um erro crasso pensar que essa instituição está destinada a realizar tal propósito. De fato, nenhuma instituição política de alguma importância foi pensada para atender a um propósito ou a qualquer coisa nesse sentido. Logo, quando falamos das instituições políticas, a linguagem do necessário e do suficiente é totalmente inapropriada. É, justamente, a origem heterogênea e o caráter misto das instituições políticas da Europa moderna que as tornam adequadas para tamanha variedade de usos e, também, de interpretações.

Mas não são apenas os hábitos e as instituições dos modernos governos europeus que constituem uniões de elementos diversos; a linguagem, o vocabulário político com que falamos da função do governo e que a torna inteligível para nós mesmos, é também híbrida. É uma linguagem moderna e, como todas, é um amálgama de palavras e expressões (oriundas de diversas fontes), cada uma das quais, por sua vez, é um mundo complexo de diversos significados. Não existem expressões unívocas em nosso vocabulário político, e há poucas palavras que não tenham servido, durante muitos séculos, a uma grande variedade de circunstâncias; e cada circunstância, cada contexto, impôs algum significado especial, que se torna difícil de excluir. As poucas palavras e expressões surgidas recentemente logo adquiriram uma complexidade de significados para se equipararem às demais: "Fascismo" não é menos profuso que "democracia" ou, mesmo, "governo". Não possuímos uma linguagem política "científica", em que cada expressão tenha um significado fixo, simples e universalmente reconhecido; temos, apenas, uma linguagem vívida, popular, à mercê do uso e da circunstância, na qual cada expressão é suscetível a múltiplas interpretações, das quais nenhuma carece de força e significância.

Sem dúvida, nada disso nos surpreende. A heterogeneidade própria de nossas instituições políticas e de nosso vocabulário é, também, característica do nosso sangue, da nossa religião e da nossa moralidade: cada uma representa uma junção histórica complexa, uma mistura de elementos heterogêneos nem sempre congruentes. Estamos habituados a lidar com a complexidade e sabemos como manejá-la, do mesmo modo como lidamos com nossas línguas modernas ou aproveitamos ao máximo um clima variado. Há, é verdade, aqueles que suspiram pela simplicidade e homogeneidade, um oceano sem marés, estações sem diferenças, tal como Tom Paine sonhava com a simplicidade na política e Doughty com a homogeneidade na linguagem. Sabe-se, porém, que um híbrido possui, comumente, algumas vantagens: é mais adaptável a circunstâncias e mais fértil que um puro-sangue, exigindo bem menos vigilância.

As mesclas que constituem nossos hábitos políticos e nossas linguagens políticas estão a salvo da desintegração pelas tensões e forças que se estabeleceram entre suas partes e, em cada uma delas, há mais possibilidades de movimento interno sem causar danos do que seria possível em uma estrutura monolítica. Onde não há unidade, a harmonia às vezes pode ser alcançada; e as iniciativas tomadas são geralmente o resultado de uma resolução de forças e não o seguimento exclusivo de um único impulso. E a exploração das diversas insinuações de um complexo hábito político pode resultar no surgimento de uma variedade de estilos de atividade política (assim como uma variedade de estilos de escrita surge da busca das diversas insinuações de uma língua complexa), cada uma explorando algum elemento peculiar da mistura, simpatizando com as demais na medida em que, em geral, não se opõem à junção.

Porém a atividade de governar que tenha uma herança diversa e um caráter complexo normalmente se encontra em uma condição de movimento interno quase contínuo, não oscilando em direção aos extremos, mas experimentando mudanças de ênfases nesta ou naquela direção; não precisa aguardar estímulos externos, tampouco é estabelecida de forma premeditada em uma única direção. Tais alterações podem ser suaves e perceptíveis apenas em retrospectiva, ou podem ser de dimensões tão robustas que chamam a atenção à medida que ocorrem. Podem ser ocasionadas por uma mudança de circunstância (envolvimento numa guerra, por exemplo, ou um aumento grande ou repentino do poder à disposição do governo), ou pela aparição de alguma nova forma de atividade (como o crescimento da industrialização), ou podem surgir de algo tão pouco significativo como o tédio de permanecer muito tempo em uma mesma tendência e o desejo de uma simples distribuição do peso. *A França está entediada* foi o diagnóstico apaixonado, mas não carente de perspicácia, de Lamartine. De um jeito ou de outro, todavia, um entendimento próprio da maneira concreta de governar vai considerar esses movimentos inteligíveis e não desconcertantes, pois não destituem o padrão. E, mesmo onde o impulso do movimento é estranho, cada mudança é reconhecida como o aproveitamento de algo já insinuado, e jamais surge além daquilo que é suportavelmente familiar.

Entretanto, há extremos em toda heterogênea e complexa atividade de governar. Normalmente, o movimento interno não os alcança; de fato, longe de ser atraído por eles, usualmente os repele. Mas, ao final, são justamente esses polos que, ao definir os limites do movimento característico, protegem a identidade do modo de governar. Além do mais, os extremos podem não apenas estar tão distantes entre si, o que garante um generoso espaço de manobra, como também podem ser opostos, de modo que um veta tudo (ou quase tudo) o que o outro prescreve ou, ao menos, permite. A existência de extremos opostos não é prejudicial ao modo de governar enquanto sejam mediados por elementos da mescla que, não sendo extremos em si, compartilham em alguma medida do caráter das extremidades. Essa, na verdade, é uma observação comum: a diversidade do caráter humano é imensa, mas os extremos (o santo e o profano, por exemplo) tornam-se compreensivelmente humanos para nós porque o espaço entre eles é preenchido, sem sérias lacunas, por caracteres que, como seres humanos, não temos dificuldade de reconhecer.

Contudo, podem surgir circunstâncias capazes de impulsionar, decididamente, a atividade de governar durante um largo período na direção de um dos extremos. Um movimento absoluto em uma direção raramente é o resultado de um desígnio ou, pelo menos, não o é em primeiro lugar. É mais comum que seja o resultado da negligência: esquecemos que, para que o fogo queimasse um pouco mais rápido, arrancamos todas as válvulas de segurança e, enquanto desfrutamos do calor, não observamos que o balde de carvão está vazio e a chaminé se encontra perto de estar em chamas. Mas enquanto o desastre evidente não nos apanha, acabamos nos adaptando a viver no extremo e até podendo chegar a amá-lo: tendo chegado lá por acaso, poderíamos prolongar nossa estada por vontade própria. É uma experiência sedutora e parece pouco razoável não aproveitar suas possibilidades. Com o decurso do tempo, nossa compreensão acerca da função do governo se coaduna com a nossa prática da atividade, nossas expectativas se conformam com nossas experiências e nossas crenças se assemelham a nossa situação. Viver em um extremo é um esforço insidioso; talvez escapemos da prisão do extremo que chegamos a habitar, mas nos vemos rapidamente privados do poder de reconhecer qualquer coisa que não seja algum tipo de extremo. Assim como aqueles que perseguem o cálido verão pensando somente que estão escapando do inverno, e esquecem que também estão perdendo as outras estações, quem abraça o extremo na política acaba compreendendo apenas a política de extremos. E mais, quando nos estabelecemos em um dos extremos da atividade política e perdemos contato com a região intermediária, não apenas deixamos de reconhecer qualquer coisa que não seja um extremo, como passamos a confundir os próprios extremos. Os polos, que até agora foram mantidos separados, começam a se entrelaçar. E nossa linguagem escorrega debaixo de nossos pés, tornando-se ambígua, tal como o inglês que busca o sol falando em *invernar* nas Bermudas.

Isso, portanto, é o caráter geral daquilo que escolhi chamar de ambiguidade, a qual pode se apropriar de um modo de atividade política. É isso que me proponho investigar. Já podemos observar as condições gerais de seu surgimento. Apenas um modo de atividade política homogêneo e complexo é suscetível de se tornar ambíguo; a probabilidade de que isso ocorra aumenta quando deixamos de aproveitar seu caráter múltiplo e passamos, por circunstância ou escolha, a nos estabelecer em um extremo e a reconhecer apenas os extremos. Sugeri, mais adiante, que o que chamamos de política moderna (a atividade de governar e a compreensão da função do governo nos últimos quinhentos anos) é heterogênea e complexa, sendo, consequentemente, suscetível de ser tomada pela ambiguidade. Nosso próximo passo será considerar as evidências para determinar se há ou não razões *prima facie* para crer que essa possibilidade tenha se realizado em nosso caso.

III

A ambiguidade, propriamente dita, é uma confusão de significados e uma característica da linguagem; sua correspondência na conduta é a ambivalência, uma oscilação entre duas maneiras ou direções opostas de atividade. Frequentemente, acredito, o discurso ambíguo é o resultado da conduta ambivalente: quando nossa atividade é perturbada com objetivos conflituosos, torna-se apropriado falar em uma linguagem ambígua. Todavia, acredito que seja um exagero considerar a ambivalência como o necessário precursor da ambiguidade; certamente não é sua causa. O uso de um vocabulário ambíguo pode, às vezes, influenciar a conduta, abrindo a porta para uma ambivalência invasiva, nutrir uma ambivalência latente ou mesmo suscitar a própria conduta ambivalente ao sugerir iniciativas contraditórias. Mas não acredito que tenhamos de resolver a questão da precedência; de um jeito ou de outro, ambivalência e ambiguidade agem juntas. Nenhuma pode se dar bem sem a outra e, ao examinar uma, estamos considerando a outra ao mesmo tempo. No entanto, agora nos interessa compreender a atividade de governar que revelamos em nossa maneira de falar a respeito: interessa-nos, em primeiro lugar, a ambiguidade.

> É claro, o mundo está cheio de ambiguidades:
> Este mundo frágil, tão cheio de dúvidas.

A complexidade é sempre suscetível à ambiguidade e, em todo lugar, a simplicidade é uma imposição útil, porém irrelevante fora de seu marco de referência. Algumas vezes, podemos detectar a origem da ambiguidade em uma complexidade particular: a contradição entre "paixão" e "razão" no caráter humano ostenta, há muito, a fórmula de uma ambiguidade reconhecida na "condição tediosa da humanidade". Acredito que devemos algo da ambiguidade de nossas crenças morais e religiosas (e possivelmente da nossa política também) ao cristianismo, uma religião que, embora tenha há muito deixado de ser um intruso em nosso estilo de vida, nunca se adaptou completamente à civilização que vivemos. As evidências do cristianismo, que é em si mesmo complexo e aponta para mais de uma direção, estão espalhadas pelo mundo, bem como as de outras crenças e maneiras mais antigas, e suas coincidências se tornaram uma fonte de confusão. Mas, ainda que se possam discernir algumas conexões entre as ambiguidades que prevalecem em diferentes campos de atividade, vamos nos dedicar particularmente à política. A ambiguidade do nosso atual vocabulário político é, talvez, sua característica mais óbvia: é difícil encontrar uma única palavra que não possua dois significados ou uma só concepção que não possua duas interpretações.

Talvez o mais notável dos equívocos do nosso vocabulário político sejam as palavras "guerra" e "paz"; no uso corrente, elas se aplicam, quase perfeitamente, a si mesmas e a seus opostos. A ambiguidade de "liberdade" é reconhecida há muito tempo, mas "livre" (quando se aplica a um serviço fornecido pelo governo) e "libertação" (que significa tanto a ação de "tornar" livre como a de "escravizar" ou de "aniquilar") vieram juntar-se a ela. "Direitos" possui um duplo sentido; e quase não há necessidade de assinalar o *double entendre* em "democracia". "Direita" e "esquerda", quando utilizados para indicar modos e não partidos, são suscetíveis de trocar de lugar, e "progressista" e "reacionário" estão propensos a pegar uma infecção comum. A ambiguidade de "traição" (quando não utilizada num sentido jurídico) e "traidor" reflete uma lealdade ambivalente. "Segurança" e "justiça" possuem significados duplos e opostos. Até mesmo uma palavra tão simples como "ordem" apresenta duplo sentido. E o dilema atual a respeito da "tolerância" surge, em grande medida, da ambiguidade da palavra.

Estamos bem conscientes dessa situação difícil, como revelam as defesas que erguemos para enfrentá-la. Nossa estratégia atual consiste em solucionar a ambiguidade aplicando um adjetivo ao nome. Sabemos que "liberdade" é ambígua, de modo que distinguimos, por exemplo, entre liberdade "política" e "econômica", e falamos da "nova" liberdade como Lutero falava da liberdade "cristã" no século XVI. Para "justiça" e "segurança", às vezes acrescentamos o adjetivo "social"; adicionamos "fria" à "guerra" quando queremos nos referir à "paz"; distinguimos entre a democracia "oriental" e "ocidental", e entre a democracia "política" e a "econômica". Tudo isso é prova de inquietação; mas é um subterfúgio que acrescenta pouco para nossa tranquilidade e nada para nosso entendimento. Huey Long, que esteve a ponto de atacar a ambiguidade quando disse que o "fascismo" poderia se estabelecer nos Estados Unidos, mas que deveria se chamar de outra forma, revelou a modernidade de seu vocabulário político quando o nome por ele sugerido foi "democracia". É uma situação irônica. Os maiores deuses da Grécia antiga tinham muitos nomes, e a quantidade desses nomes anunciava o número e a diversidade dos poderes que cada um possuía; esses deuses eram personagens multiformes. Para nós, todavia, as divindades políticas possuem apenas um nome, mas, por trás dele, oculta-se um caráter não menos variado e por vezes muito mais diverso.

Fora da Europa moderna (e daquelas partes do mundo que copiaram nossa maneira de falar e que compartilham da nossa situação), não se desconhecem as expressões políticas ambíguas, mas, geralmente, a confusão tem surgido do encontro de dois vocabulários políticos, cada um dos quais pouco inclinado à ambiguidade. Dessa forma, foi possível aos romanos despojar a independência dos atenienses ao mesmo tempo que lhes conferiram a *libertas*: uma situação vexatória. Para nós, todavia, a ambiguidade, embora provenha da complexidade da nossa herança, é inerente ao vocabulário político que, ao mesmo tempo, a esconde e a exibe naturalmente.

Além do mais, essa ambiguidade não é recente. Nos escritos daqueles que a investigaram (e, é claro, não sou o primeiro a fazê-lo), é constantemente representada como o produto das circunstâncias contemporâneas, embora alguns escritores tenham visto na Revolução Francesa a ocasião de seu surgimento. Certamente, a ambiguidade tem crescido entre nós, e as circunstâncias atuais (entre elas, o grande aumento da conversa política ociosa) têm estimulado seu crescimento; a Revolução Francesa foi, sem dúvida, uma espécie de marco nesse sentido. Acredito, entretanto, que confundimos seu caráter se não a identificamos como algo que já estava surgindo no século XVI, e não a compreendemos se não a interpretamos dentro do contexto de toda a história moderna. Perderemos a *nuance* se deixarmos de observar que a Revolução Francesa, o liberalismo, o capitalismo, o socialismo, o romantismo, o classicismo, todos esses eventos, processos e movimentos, representados como promotores da ambiguidade por adicionarem novos significados a palavras velhas, são, em si mesmos, ambivalentes: nenhum aponta para uma só direção; todos são complexos e divididos.

Ademais, a ambiguidade deve ser distinguida de uma mera perversão da linguagem e, certamente, da corrupção deliberada. Não pode haver muitos escritores honestos sobre a política que, de tempos em tempos, não pareçam se lamentar de que o vocabulário que estão obrigados a utilizar seja tão profundamente equivocado e que cada palavra que sai da caneta esteja tão sutilmente cheia de considerações que gostariam de excluir, mas não podem fazê-lo: substantivos perderam o valor justamente por sua erudição e excessiva riqueza de significado, e adjetivos ("liberal", "social") tomaram o lugar dos substantivos. Nesses momentos, é possível que suspiremos por uma época anterior, quando não havia tais complicações. Mas é uma ilusão supor que as expressões que compõem nosso vocabulário político alguma vez foram "simples", ou que possuíam um "significado original" que se perdeu, ou que eliminaremos a corrupção se solucionarmos a ambiguidade. Não há dúvidas de que nosso vocabulário é corrompido e de que sua ambiguidade intrínseca tem sido utilizada para propagar a confusão e ocultar a falta de escrúpulos, e, quem sabe, também a hipocrisia (o tributo que o vício paga à virtude) estimule parte dos equívocos de nosso discurso político. Mas a concepção da "dupla linguagem" é eficaz apenas porque conta com uma ambiguidade inata e profunda em nosso vocabulário político, e a habilidade contemporânea do "pensamento duplo" reflete a ambivalência natural de nosso comportamento.

Agora, a menos que a minha visão das coisas esteja equivocada, as ambiguidades que devemos considerar têm uma base comum; são símbolos de uma profunda divisão dentro de nosso modo de governar e da maneira como entendemos a função do governo. Para que possamos compreendê-los, devemos considerar os extremos por entre os quais oscilam nossa atividade e nosso entendimento políticos. Esses extremos foram identificados de maneira diversa, e podemos notar duas interpretações representativas, ambas dotadas de algum fundamento, mas nenhuma delas me parece chegar à raiz do problema.

Os polos por entre os quais a atividade de governar oscila no mundo moderno, os extremos em que se movimenta, têm sido identificados como anarquia e coletivismo:[2] a ausência de governo e a atividade de governar que não conhece limites adequados e profícuos naquilo que possa empreender. O poder de convencimento dessa análise reside em sua seleção de extremos genuínos e absolutos. Não se trata apenas de uma dicotomia teoricamente completa, mas há também alguma base histórica: "anarquia", no mundo moderno, tem sido representada como uma doutrina sobre a atividade de governar.

---

[2] G. Lowes Dickinson, *A Modern Symposium*, p. 65.

Todavia, o erro da análise reside na completa inadequação teórica de "anarquia" como um conceito de governo, e o fato de que, embora muitos escritores tenham levantado suspeitas a respeito do governo e tenham demonstrado o desejo de reduzir seu campo de atuação ao mínimo possível, apenas uns poucos excêntricos consideraram sua abolição como algo possível ou desejável. Em suma, enquanto o "governo onicompetente" pode ser representado de modo plausível como um extremo teórico e histórico, o "não governo" não é nem teórica nem historicamente seu oposto. *Laissez-faire*, exceto na mente dos coletivistas mais ingênuos, nunca significou a abolição do governo, mas apenas sua exclusão de algumas de suas atividades atuais; e só em uma maneira confusa de pensar a "anarquia" pode ser representada como uma forma de governar.

A outra interpretação representativa da condição que tem como sintoma a ambiguidade do nosso vocabulário político é apontada por Sir James Stephen numa passagem em que ele contrasta "duas visões distintas" da relação entre governantes e governados, que estão lado a lado no mundo moderno.[3] Na primeira visão, ele diz que "o governante é considerado o superior do súdito" e, portanto, somente pode ser criticado de forma relutante e respeitosa, isso se não imune a críticas; na outra visão, o governante é "agente e servo" do súdito, de modo que pode ser controlado e, se preciso, censurado. Mas, aqui, observamos que os extremos não se interessam tanto pela atividade de governar e, sim, pela forma como a autoridade do governo é estabelecida. Nossa linguagem e o modo de pensar sobre a autoridade são, talvez, tão ambíguos como qualquer outro assunto e, sem dúvida, oscilam entre extremos, o que é pelo menos uma indicação perspicaz. Mas, como já observamos, há uma conexão (embora não direta) entre nossa maneira de pensar sobre a autoridade do governo e sobre a atividade de governar. O que nos interessa, aqui, é a atividade de

---

[3] *History of Criminal Law in England*, ii. p. 299.

governar, bem como nossos pensamentos e maneiras de falar sobre as iniciativas adequadas a ela, razão pela qual devemos buscar em outro lugar os extremos em que oscila.

Entendo que os polos de nossa atividade de governar, os extremos (tanto teóricos como históricos) dos quais as ambiguidades do nosso discurso são um símbolo, não são nem a anarquia nem o coletivismo, nem destacam a autoridade do governo, mas compreendem dois estilos opostos de política, que chamarei, respectivamente, de política da fé e política do ceticismo.

Meu objetivo principal será examinar o diagnóstico da nossa situação política, discutir o que ela significa e dela extrair algumas conclusões teóricas e práticas. Gostaria de esclarecer, desde o início, que nessas duas expressões – política da fé e política do ceticismo – suponho designar, de uma só vez, os polos de uma atividade e os polos da compreensão acerca de nossa atividade, os extremos que permitem compreender a ambivalência de nossa conduta no governo e a ambiguidade de nosso vocabulário político. Cada uma delas, na minha opinião, designa uma maneira de realizar a atividade e uma maneira de entender o que estamos fazendo. Além disso, as duas expressões indicam não apenas extremos teóricos da conduta e do entendimento, mas também históricos: designam polos por entre os quais nossa conduta e nosso entendimento têm oscilado em tempos modernos. Consequentemente, não devem ser consideradas como simples doutrinas sobre a atividade de governar nem como condições estáveis em nossa conduta de governo: a historicidade as envolve em mudança; cada uma é tanto um processo como uma condição. Devemos esperar que tanto a política da fé como a do ceticismo surjam em uma variedade de versões (superadas pelo tempo ou por alguma outra circunstância, em alguma iniciativa característica, elas reaparecem em outra) e reflitam as condições cambiantes da Europa nos últimos quinhentos anos. A história se ocupa com a variedade das versões; a análise, com a elucidação do caráter.

E, além do mais, as doutrinas, condutas e iniciativas para as quais as duas expressões se mantêm não correspondem, nem exatamente nem de qualquer modo, com qualquer uma das mais efêmeras ou menos completas diferenças da doutrina e prática reveladas na política moderna. Não correspondem, por exemplo, às diferenças exibidas pelos partidos políticos contemporâneos ou do passado, na Inglaterra ou em outras partes, nem a formas opostas de pensar e falar da autoridade do governo. Na minha opinião, sua importância reside no fato de que, como expressões abreviadas, não denotam diferenças casuais com as quais estamos acostumados em virtude de serem superficiais e de não as levarmos a sério porque estão sempre se sobrepondo umas às outras, mas por causa de oposições mais profundas no mundo moderno. E porque, a despeito de serem opostas, falam a mesma linguagem, que se tornou ambígua, e nossa atividade política

> Uma planície sombria
> Varrida com alarmes confusos de combate e de fuga
> Onde exércitos ignorantes se enfrentam à noite.

IV

Uma coisa deve ser resolvida antes de iniciarmos propriamente nosso trabalho: o que esperamos alcançar com nossa investigação? Não é tolice nem superficialidade considerar, antecipadamente, o caráter e os limites de nossas expectativas, pois estar atento a certo tipo de resposta é uma maneira de formularmos nossas perguntas de modo mais consistente, algo cujo esforço não deve ser poupado.

De maneira breve, nosso problema é o seguinte: qual é o caráter da política moderna que torna sua prática ambivalente e seu vocabulário ambíguo? Até agora, observamos as condições gerais da ambivalência e da ambiguidade. Além disso, levantei uma hipótese: os polos da atividade política moderna e sua compreensão são aquilo que denominei política da fé e política do ceticismo. Essa hipótese deve ser comprovada. Mas não espero ser capaz de estabelecê-la ou demonstrar sua verdade: em vez disso, espero poder mostrar que se trata de uma hipótese reveladora e apresentar um pouco do que ela revela. Não sugiro que seja a única hipótese que um homem sensato pode aceitar, mas apenas que seja merecedora de investigação. Ela deve, em primeiro lugar, ser elucidada: precisamos saber, claramente, o que estamos supondo antes de iniciarmos o trabalho. Para essa tarefa, exploraremos algumas das voltas e reviravoltas do pensamento político europeu nos últimos quinhentos anos. Contudo, nosso estudo não será histórico propriamente dito; será um estudo sobre a mudança, mas sem revelar sua mediação (tema do qual se ocupa o historiador). Haverá algumas revelações incidentais bastante interessantes, mas o principal resultado que se espera obter é uma visão mais próxima das articulações ocultas da nossa política e, creio eu, uma compreensão mais ampla do nosso dilema político. Se, pelo caminho, descobrirmos que o que parece ser novo em nossa situação política é, em muitos casos, apenas uma nova versão de uma condição que há muito prevaleceu, a única inferência que devo sugerir é que é improvável que tudo aquilo que tem estado conosco durante tanto tempo simplesmente desapareça ou seja facilmente eliminado.

A política é um espetáculo desagradável em qualquer momento. A obscuridade, a confusão, o excesso, o compromisso, a indelével aparência de desonestidade, a falsa devoção, o moralismo e a imoralidade, a corrupção, as tramas, a negligência, o intervencionismo, a vaidade, a ilusão e, finalmente, a futilidade,

Como um cavalo velho num curral,

ofendem a maior parte das nossas propensões racionais e todas as artísticas. Quando a atividade política consegue modificar o predomínio da violência arbitrária nas relações humanas, sem dúvida há algo de louvável a ser dito a respeito, e, até mesmo, pode-se pensar que o custo vale a pena. Na melhor das hipóteses, todavia, a atividade política também parece estimular muitos dos traços mais desagradáveis do caráter humano.

A maneira mais simples de adquirir simpatia pela política é se tornando um ativista, e não há nada desprezível em ser partidário: de fato, não tomar partido nos deixa propensos ao surgimento da abominável superioridade. Mas há um tipo de simpatia menos intenso, e também menos vulnerável, que decorre quando nos aliamos com a necessidade e aceitamos o inevitável: o tipo de afinidade que Espinosa tinha com o universo. Se é esse o caso, é o interesse que esperamos adquirir com o tipo de investigação que proponho. A política, evidentemente, desconhece necessidades inatas: não há nada no mundo da política que não surja da atividade humana, embora haja muita coisa que não seja resultado da vontade humana. E, no que diz respeito à atividade humana, é inadequada a linguagem do necessário e do eficiente. Mas, já que iremos nos ocupar com aqueles movimentos estratégicos na política que, por serem profundamente enraizados, são difíceis de mudar e tampouco de corrigir, devemos considerar o que não nos exige tomar partido: nesse nível, é apropriado, e não meramente superior, não se envolver nas escolhas atuais. Estamos preocupados, por fim, com um nível no qual "as coisas e as ações são o que elas são e as consequências delas serão o que vierem a ser", em que nossa única ambição adequada é não sermos enganados. Distinguir os elementos mais permanentes do padrão de nossa política, aceitá-los não no nível em que se tornam aceitáveis, mas naquele em que se tornam inevitáveis, é encontrar-se um pouco menos perplexo e um pouco mais consciente da superfície desagradável da política. Se há algum tipo de conclusão que gostaria de evitar é a de que uma política virtuosa busca a simplicidade e "rejeita a ambiguidade", que aquilo que almejamos é solucionar a ambivalência e ambiguidade da nossa política ou, pelo menos, uma fórmula que indique como vencê-las.

Capítulo 2 | A Identificação da Ambiguidade

I

Nosso ponto de partida é a ambiguidade notável do nosso vocabulário político, uma ambiguidade que possui tanto méritos como defeitos. Seu mérito é prático: como um véu que suaviza as bordas e modera as diferenças que, de uma só vez, esconde e revela, essa ambiguidade da linguagem serviu para ocultar cisões, cuja exposição plena incitaria a violência e o desastre. Seu defeito é basicamente filosófico: a ambiguidade torna difícil para nós a pensar com clareza sobre nossa política e obstrui qualquer conhecimento profundo sobre ela. Pode-se acrescentar, também, que a oportunidade dada ao político dissimulado para espalhar confusão é um defeito prático a ser apontado contra sua utilidade.

Meu objetivo não é denunciar a traição da linguagem, nem resolver ou remover a ambiguidade, mas compreendê-la. E a hipótese que propus para a análise é a de que a ambiguidade do nosso vocabulário político decorre do fato de ter sido compelida, por quase cinco séculos, a servir a dois senhores.

Chamei esses dois senhores de política da fé e política do ceticismo, expressões que representam os dois polos ou extremos por entre os quais oscilam, nos tempos modernos, nossa atividade de governar e nossa compreensão acerca do que é próprio à função do governo. Como extremos, são ideais: os horizontes de uma atividade e um entendimento que, em grande parte, ocuparam menos espaço que os extremos permitem. Mas, na medida em que a atividade e o entendimento são definidos na direção de um desses extremos ideais, surgem dois estilos de política históricos, cujas características correspondem às do extremo a que se aproximam, modificadas, é claro, pela incompletude da abordagem. Durante os cinco séculos da história moderna, esses dois estilos de atividade política têm coexistido, lado a lado, sem dificuldade (salvo em raras ocasiões, quando um estilo oscilou muito perto do seu extremo teórico) e, devido à ambiguidade do nosso vocabulário político, muitas vezes mal se distinguem entre si. Além disso, uma vez que são estilos de atividade política e não doutrinas estáticas e invariáveis, cada uma surgiu não apenas em vários graus de completude mas também em uma variedade de versões. Por "versão" de um estilo político, refiro-me à utilização dos recursos em certo contexto para aplicá-los a uma situação política particular. Consequentemente, em qualquer localidade e em qualquer período da história da Europa moderna, é possível detectar não apenas a intensidade de cada um desses estilos de política (ou seja, o grau em que se aproximam de seus respectivos extremos ideais), mas também a versão atual de cada um, isto é, a forma como estão sendo utilizados no momento político atual. Uma analogia com a arquitetura tornará mais claro o que quero dizer. Na atividade de construção, podem ser discernidas certas regularidades de tratamento e, por meio de um processo de abstração, podem ser formulados princípios ideais de um estilo arquitetônico. Não é de esperar que um único edifício represente exatamente esse estilo ideal, mas é possível observar se ele se aproxima do estilo em maior ou menor medida. Além disso, as exigências do local, ou dos materiais disponíveis, ou do uso para o qual o prédio foi projetado podem, ainda, condicionar a forma de sua construção, de tal maneira que podemos não apenas observar o grau em que se aproxima de um estilo ideal, mas também detectar nele o emprego (em alguma ou outra medida) dos princípios do estilo para um propósito especial.

Agora, iremos nos ocupar com algumas das versões dos dois estilos em que a política moderna tem operado. Não iremos, infelizmente, rastrear em detalhes seu surgimento e sucessão (que é tarefa do historiador), mas buscaremos ampliar nosso conhecimento dos próprios estilos observando seu comportamento em diferentes circunstâncias. Antes de começarmos a considerar as contingências históricas desses dois estilos de política, todavia, é conveniente esclarecermos seus princípios abstratos, tanto quanto possível. Devemos nos lembrar de que esses princípios foram alcançados por meio de um processo de abstração. O material que empregaremos é tudo que pudemos encontrar sobre a maneira como os povos da Europa moderna têm lidado com a atividade de governar e o entendimento a que chegaram (expresso em palavras) acerca da atividade própria do governo. Ao refletir sobre isso, poderemos distinguir o que denominei diferentes estilos da atividade política e, ao extrapolar as tendências representadas, poderemos conceber o extremo ideal para o qual apontam.

II

Consideremos, primeiro, a política da fé. Acredito que a pertinência da expressão, que talvez tenha algo paradoxal, aparecerá à medida que avançamos.

Na política da fé, a atividade de governar está a serviço da perfeição da humanidade. Existe uma doutrina de otimismo cósmico que atribui uma inevitável perfeição ao universo, não pela observação, mas pela inferência da perfeição de seu criador. Há, ainda, uma doutrina na qual a perfeição humana surge como um dom divino, assegurada, porém não merecida. Contudo, a ideia da perfeição humana, característica da política da fé, longe de ser derivada de qualquer uma dessas doutrinas, é, na verdade, contrária a ambas. Na política da fé, a perfeição humana é buscada, justamente, porque não está presente; além disso, acredita-se que não devemos, nem podemos, depender da providência divina para a salvação da humanidade. A perfeição humana deve ser alcançada pelo esforço humano, e, nesse caso, a confiança na efemeridade da imperfeição provém da fé no poder do homem e não na providência divina. Talvez sejamos incentivados a crer que nossos esforços contem com aprovação e até mesmo suporte da perfeição, e que chegaremos inevitavelmente a ela pelo nosso próprio esforço caso não relaxemos.

O primeiro princípio está associado a outros três. A perfeição, ou salvação, é algo a ser buscado neste mundo, visto que o homem é redimível na história. Justamente por causa dessa crença, torna-se relevante e revelador designar esse estilo de política como "pelagiano".[1] Além disso, a perfeição da humanidade é entendida não apenas como algo mundano, mas como uma condição das circunstâncias humanas. Isso é algo que gera muita confusão.

---

[1] *Pelagianismo* é uma doutrina que sustenta que os seres humanos podem alcançar a perfeição moral apenas pelo livre-arbítrio, sem a necessidade da graça divina. A expressão remonta a Pelágio (*Pelagius*), teólogo laico britânico que viveu entre os séculos IV e V, estabelecendo-se em Roma por volta de 405 d.C. Ficou conhecido na história por seu forte contraponto à visão de Santo Agostinho a respeito do pecado original, pela predestinação à salvação e pela confiança absoluta da humanidade na graça de Deus. Agostinho sustentava que o pecado de Adão foi herdado por toda a humanidade e, por mais que o homem tenha livre-arbítrio, ele está inevitavelmente escravizado pelo pecado. Para Pelágio, essa visão constitui uma espécie de *fatalismo* que estimula a apatia moral; ainda que os homens tenham o hábito de pecar, em consequência da Queda, não foi perdida a capacidade de superar esse hábito. A humanidade teria, portanto, total controle sobre suas próprias ações e destinos, sem precisar da vontade de Deus para sua salvação. No contexto da obra de Oakeshott, a doutrina do *pelagianismo* aplica-se com grande acuidade à política da fé. Esse estilo de política acredita que a salvação da humanidade (ou simplesmente a perfeição) é algo não apenas desejável, mas plenamente possível de ser obtido neste mundo. Cabe ao governo a missão de conduzir os esforços coletivos no caminho supostamente adequado. (N. T.)

Se o caráter humano fosse pensado para ser independente ou mesmo parcialmente independente das circunstâncias humanas, o correto seria, então, excluir das finalidades da política da fé toda ideia de perfeição, o que acabaria impondo alguns limites à ambição desse estilo. Mas, em geral, isso não ocorre. Aqueles que abraçam esse estilo enxergam os homens como criaturas de suas circunstâncias,[2] de modo que sua perfeição é identificada como uma condição dessas circunstâncias. No fundo, é justamente essa identificação, a qual permite que se busque tudo aquilo que o homem possa vir a desejar, que torna esse estilo de política distinto de qualquer outro. Por fim, acredita-se que o governo seja o principal agente do aprimoramento que resultará na perfeição. A função do governo, portanto, é entendida como o controle e a organização da atividade humana com o propósito de alcançar sua perfeição.

Entre essas ideias, há várias que apresentam uma aparência indelevelmente modernista e, se essas são as raízes da política da fé, seria imprudente retroceder seu surgimento ao começo da história moderna. No entanto, essas crenças tiveram uma história muito mais longa do que geralmente se supõe, e, embora eu as tenha enunciado, em sua maior parte, na linguagem confiante e adulta do século XVIII, elas eclodiram muito mais cedo. Numa etapa posterior, farei meu melhor para remover a suspeita de que estou atribuindo uma vida demasiado longa a algo que, muitas vezes, se considera de aparição recente, mas tal suspeita pode ser contida, por enquanto, se observarmos duas coisas. Primeiro, acredito que a condição principal do surgimento da política da fé (ou seja, um aumento notável e inebriante do poder humano) é característica do começo da história moderna e não apenas de tempos recentes; em segundo lugar, esse estilo de política abre espaço para uma variedade de interpretações (algumas nada modernas) da palavra-chave "perfeição". O milênio inseparável desse estilo deve

---

[2] Um raciocínio precoce dessa crença foi fornecido, é claro, por Locke.

ser, é verdade, uma condição mundana das circunstâncias humanas, mas pode variar de uma condição de virtude moral ou de salvação religiosa para uma condição de "prosperidade", "abundância" ou "bem-estar". Em suma, existem versões desse estilo de política apropriadas não apenas às circunstâncias dos séculos XVIII e XIX, mas até mesmo às do século XVI.

Há, no entanto, duas características desse primeiro esboço da política da fé que não devemos confundir. Primeiro, a atividade de governar não é concebida meramente como um agente auxiliar na busca por aprimoramento que resulta na própria perfeição ou que deve culminar nela; é o principal inspirador e o único administrador dessa busca. Se a política da fé se resumisse meramente à assertiva de que o papel do governo é contribuir para algum reconhecido benefício da humanidade, não haveria nada para diferenciá-la de qualquer outra, exceto, talvez, a doutrina do anarquismo. É importante ficar claro que estamos considerando uma compreensão da atividade de governar que atribui ao próprio governo (oferecendo razões para tal) o dever e o poder de "salvar" a humanidade, embora seja provável que surja uma série de interpretações acerca da "salvação".

O segundo ponto se refere à "perfeição". Afirmei que esse estilo de política tem vigorado por um longo período, e pode-se pensar que estou sustentando esse estilo com base em doutrina bastante estreita, algo que só pode ser atribuído a uns poucos excêntricos e a alguém insignificante no cenário amplo da política moderna. Todos nós estamos familiarizados com um estilo de política que busca melhorar as circunstâncias humanas; a perfeição, por outro lado, é um excesso incomum. Mas a distinção não pode ser sustentada nessa conexão. É certo que, na política da fé, estou delineando o que geralmente se conhece como política utópica, mas penso que aqueles que tentam escapar disso, alegando apenas a busca do aprimoramento e não da perfeição, acharão essa saída muito estreita, caso insistam em manter a noção de aprimoramento à qual ainda estão apegados.

Deixando de lado os milenaristas[3] intrusivos, uma classe especial nas fileiras da política da fé, consideraremos os aprimoradores que negam pretensões utópicas. A tarefa de aperfeiçoar o destino da humanidade pode ser realizada de duas maneiras. Podemos projetar, apropriar ou desenvolver todo tipo de modificação que se proponha como mudança para o melhor, em que "melhor" significa, nas mesmas circunstâncias, um modo aperfeiçoado de realizar essa ou aquela atividade ou de apreciar o mundo. Aqui, o aprimoramento das circunstâncias não segue nenhuma direção, e, se uma melhora entrar em conflito com outra (como pode muito bem ocorrer), haverá um ajuste temporário entre suas pretensões: nesse caso, nem as melhoras nem seus ajustes insinuam ou impõem uma única via.

O outro modo de alcançar o aprimoramento das circunstâncias humanas consiste em decidir primeiro em que direção o "melhor" se encontra e passar a persegui-lo, pouco importa como a decisão é tomada. Isso não pressupõe um conhecimento detalhado do melhor, mas pelo menos uma ideia dele, pois a direção é escolhida não em virtude de ser superior a qualquer alternativa, mas justamente porque é a melhor. Essa é a maneira de buscar o aprimoramento na política da fé. Como veremos, muitos dos adeptos desse estilo de política negam que sejam perfeccionistas ou utópicos, e sua negação (caso não seja mero autoengano) significa algo: o estado de coisas que desejam ver estabelecido não é de todo presumível e não se espera que caia pronto

---

[3] *Milenarismo* (ou *milenialismo*) refere-se à crença que anuncia o regresso de Jesus Cristo para constituir um reinado com a duração de mil anos (entendido tanto de forma literal como simbólica, referindo-se a um período de longa duração). O *milênio* é um momento transitório, em que as condições da vida mundana seriam radicalmente transformadas em preparação para a salvação divina. Não representa o destino final da história da humanidade, mas um estágio preparatório para a salvação final. Na linguagem política, a expressão *milenarismo* passou a designar, coloquialmente, toda e qualquer doutrina, crença ou movimento social que acredita na existência de um ideal de salvação ou perfeição da humanidade. (N. T.)

do céu. Não significa, porém, que demonstrem qualquer hesitação acerca da direção em que o aprimoramento deve ser buscado.

Em suma, se você admitir uma única estrada, pouco importa quão lentamente esteja preparado para se locomover ou quão abundante seja a colheita que espera reunir, você é um perfeccionista, não porque conheça em detalhes o que há no final, mas porque excluiu todas as outras rotas e está satisfeito com a certeza de que a perfeição se encontra onde quer que a estrada termine. O papel atribuído ao governo nessa iniciativa não é apropriado apenas pela quantidade de poder que ele pode exercer, mas também pela necessidade de ser exercido em uma única direção.

Portanto, um dos pressupostos característicos da política da fé é que o poder humano é suficiente, ou pode vir a sê-lo, para obter a salvação. O outro pressuposto é que a palavra "perfeição" (e seus sinônimos) denota uma condição única e abrangente das circunstâncias humanas. Essa condição pode não ser prontamente estabelecida nem premeditada com grande distinção, mas podemos, ao menos, identificar seu contorno geral; trata-se do objetivo de toda atividade política, não restando alternativa. Como consequência, esse estilo de política requer dupla confiança: a convicção de que o poder necessário está disponível ou pode ser gerado e a convicção de que, ainda que não saibamos exatamente o que seja a perfeição, pelo menos conhecemos a estrada que conduz a ela. A confiança de que o poder necessário está disponível pode aumentar com a busca da perfeição; a confiança de que estamos no caminho certo pode ser adquirida de diversas maneiras. Pode ser uma certeza visionária, bem como o fruto da pesquisa, reflexão e argumentação. Na política da fé, a decisão e a iniciativa políticas e a iniciativa podem ser entendidas como respostas a uma percepção inspirada do que é o bem comum ou podem ser entendidas como a conclusão que acompanha um argumento racional; mas jamais podem ser entendidas como um expediente temporário ou apenas como algo que se faça para manter as coisas funcionando. Como resultado, nessa compreensão da política as instituições de governo serão interpretadas não como meios para fazer as coisas, ou para permitir decisões de qualquer ordem, mas como meios para se chegar à "verdade", ou para excluir o "erro" e fazer a "verdade" prevalecer.

A política da fé compreende o governo como uma atividade "ilimitada"; o governo é onicompetente. Isso, na verdade, é apenas uma maneira distinta de dizer que seu objeto é a "salvação" ou a "perfeição", o que nos permite observar uma importante distinção entre "absolutismo" e "onicompetência". A doutrina do absolutismo, propriamente falando, refere-se ao estabelecimento da autoridade do governo. Implica um direito de governar que, na verdade, não se estabelece sozinho (algo desconhecido pela história, embora teoricamente possível), mas é outorgado de tal modo que, uma vez estabelecido, não pode ser facilmente retirado, modificado, transferido ou obstruído de qualquer maneira; talvez isso implique, também, uma outorga que transmite todo o poder típico do governo para uma pessoa ou corpo de pessoas que não compartilha seu exercício com mais ninguém. Em alguns aspectos importantes, parece-me que todos os governos são "absolutos" nesse sentido. No mínimo, um "governo" cuja autoridade pode ser retirada tão logo tenha sido recebida, sob o menor ou qualquer pretexto, e que seja obrigado a compartilhar sua responsabilidade com pessoas ou órgãos que não receberam a mesma ou qualquer autorização, parece-me estar restringido de maneira diversa da maioria dos governos nos tempos modernos. Mas, ainda assim, tudo isso é completamente distinto de um governo "onicompetente". A investigação revelou as circunstâncias em que o governo "soberano" surgiu no mundo moderno, restando descobrir aquelas que suscitaram a aparição do governo "minucioso";[4] ainda

---

[4] Oakeshott emprega os termos *minucioso* (*minute*) e *minuciosidade* (*minuteness*) para caracterizar a atuação dos governos na política da fé. Trata-se de expressões cuidadosamente escolhidas pelo autor e que carregam um conteúdo simbólico bastante significativo dentro de sua obra.

que pareçam quase idênticos, não são de modo algum a mesma coisa. "Minuciosidade" ou "onicompetência" não se referem à autoridade do governo, mas à atividade e aos objetivos de governar. Sobre Hobbes, é justo dizer que ele compreendeu o governo como o exercício de uma autoridade "absoluta", tendo sido o primeiro grande teórico do governo soberano, mas não mostra nenhum sinal (muito pelo contrário) de que a função do governo é onicompetente. Em suas páginas, não há nenhuma menção à ideia do governo como o agente do aprimoramento e da perfeição do homem (a noção de perfeição humana lhe parece um absurdo), mas há a presença de algumas ideias muito precisas e profundas acerca dos objetivos adequados da atividade de governar, que são limitados, mas muito importantes. O governo é supremo, mas suas atividades são limitadas.

Na política da fé, a atividade de governar é onicompetente, mas não necessariamente absoluta. Em outras palavras, o "coletivismo" de toda espécie pertence à política da fé, mas o cesarismo (que, como se tem dito, transformou o Império Romano "em uma feliz arena de idiossincrasia") não lhe pertence em nenhum grau maior que a todos

---

É importante esclarecer esse conteúdo para que o leitor não seja induzido a erro de interpretação em virtude de uma possível ambiguidade dos termos. Isso sucede porque, na língua inglesa, a palavra *minute* pode significar tanto *diminuto* (algo extremamente pequeno, insignificante, reduzido) como também *minucioso* (meticuloso, pormenorizado, detalhista). A confusão que pode ser suscitada aqui envolve os papéis antagônicos que o governo desempenha nos dois estilos. De fato, o governo cético tende a ser *diminuto* em seu âmbito de atuação quando comparado a seu extremo oposto. Mas não é nesse contexto que Oakeshott emprega as expressões. Vale lembrar que enquanto o ceticismo é pautado no formalismo estrito, em que a ordem pública é mantida com base em regras gerais de conduta, indiferentes a qualquer propósito compreensivo, a política da fé tem uma caracterização sensivelmente distinta. Ela busca a "perfeição" da humanidade e, por esse motivo, os governos rejeitam o formalismo e o caráter meramente adverbial das regras de conduta, preferindo um controle *minucioso* e *pormenorizado* de todas as atividades de seus governados, justamente para garantir que não haja nenhum desvio que afaste os homens do caminho da salvação. (N. T.)

os governos. Para a política da fé, governar é uma atividade que se propaga de maneira interminável, integrando todas as atividades do governado e (se fiel ao seu dever) sempre até o limite do esgotamento. Das muitas consequências desse traço da política da fé, uma deve ser mencionada de imediato. As palavras e expressões do nosso vocabulário político podem ter um significado estreito ou ampliado (e, claro, uma variedade de significados entre esses limites). Na política da fé, dada sua aliança com a busca da perfeição humana, a cada palavra e expressão será atribuído o seu significado mais amplo e abrangente, mirando sempre o limite e (por meio de adjetivos) às vezes além daquilo que o vocabulário pode tolerar sem perder seu sentido.

O esboço da política da fé é imperfeito mesmo quando tomado para aquilo que pretende ser, ou seja, um projeto abstrato; mas, ao refletir sobre isso, certas inferências óbvias se apresentam. Descrever brevemente algumas, além de ampliar o próprio esboço, servirá de preparação para o que vamos encontrar quando passarmos das abstrações para as versões concretas desse estilo de política na prática.

De maneira clara, é típico dessa política acolher o poder em vez de sentir-se constrangido por ele; nenhuma quantidade de poder jamais será considerada excessiva. De fato, remoer a cada atividade, manter as iniciativas na linha, não hesitar em expressar sua aprovação ou desaprovação de cada projeto e, em suma, concentrar todo o poder e recursos da comunidade na busca da perfeição, certificando-se de que todos esses recursos sejam explorados e que não se desperdice nenhum, obviamente será apropriado para a atividade de governar entendida como a organização da perfeição humana. Não como defeito, senão como virtude, à medida que o poder é colocado em prática, a atividade de governar nesse estilo de política será minuciosa, inquisitiva e inclemente: a sociedade se tornará um *panopticon*; e seus governantes serão *panoverseers*. Não por descuido, mas de forma inevitável, essa concentração de esforços, novamente na proporção do seu poder, fará do governo o representante da sociedade num projeto de autoafirmação coletiva cujo propósito será a conquista espiritual, se não a conquista física do mundo: esconder a "verdade" seria traição, ser negligente em propagá-la, uma desgraça.

Além disso, um alto grau de formalidade na atividade do governar seria considerado inadequado. Para esse estilo, governar é uma aventura divina, e a estrita observância de regras e constituições será prontamente sentida como um freio ao seu ímpeto. Os direitos e os meios de reparação serão incongruentes, tendo perdido lugar por um único e compreensivo Direito – o direito de participar do aprimoramento que leva à perfeição. O que já passou não terá muita importância nesse estilo de governo; o presente será mais importante que o passado e o futuro [muito mais importante] que qualquer um. A *Raison d'État*, redimida e santificada pela sua associação com a busca da perfeição, será reconhecida como um argumento apropriado, válido e até mesmo moral. A aversão à legislação pretérita está fora de lugar; a prevenção será melhor que a punição; o sofrimento do inocente parecerá menos reprovável que a impunidade do culpado, e a culpa será mais facilmente presumida que a inocência. A oposição, apropriadamente entendida como um meio para alcançar a "verdade", terá apenas uma função temporal e esporádica, sendo considerada não mais que um obstáculo, ou algo ainda pior caso a "verdade" seja aparente.

Além do mais, seria adequado para uma atividade de governar que busca a perfeição requerer não apenas obediência ou submissão do governado, mas também aprovação e, até mesmo, amor. O dissenso e a desobediência serão punidos não como condutas inoportunas, mas como "erro" e "pecado". A falta de entusiasmo será considerada um crime a ser prevenido por meio da educação e punido como traição. Por outro lado, esse estilo de governar, com seu obstinado impulso à perfeição, pode provocar muito descontentamento, visto que ela será alcançada apenas no futuro, e estamos sempre mais insatisfeitos quando sentimos falta de uma coisa que de várias. Por fim, a função do governo alcançará uma estatura moral que a colocará acima de qualquer outra, entendendo-se que os políticos e seus colaboradores são, ao mesmo tempo, os servos, os líderes e os salvadores da sociedade.

III

Uma vez que estamos lidando com extremos abstratos, é oportuno (e não mero exagero) observar na política do ceticismo (que agora podemos examinar) um estilo oposto, em todos os aspectos, à política da fé. Todavia, há um erro a ser apontado e evitado neste momento, porque, se não o fizermos agora, iremos encontrá-lo ampliado quando chegarmos a analisar as contingências históricas desses dois estilos de política. Estou me referindo ao equívoco de confundir opostos lógicos com inimigos históricos, considerando a fé como uma reação do ceticismo ou vice-versa, bem como compreendê-los apenas na medida em que estão espelhados mutuamente. Em alguns aspectos, penso que existem versões da política do ceticismo que, no mundo moderno, antecedem qualquer uma da política da fé, e há razões óbvias para que isso seja assim. Mas, dado que sustento estarem presentes ambos os estilos de política (embora, naturalmente, não com o mesmo vigor em todos os momentos) desde o início e ao longo da história moderna, eles devem ser considerados contemporâneos para nossos propósitos, e seria inoportuno assinalar a precedência de um estilo sobre outro. Nesta exposição, um estilo deve ser analisado antes do outro, e, quando os examinamos, vemos que são coincidentes. Minha visão é que a história da política moderna (referente à atividade de governar) é a *concordia discors* desses dois estilos; e creio que estão enganados aqueles que veem o surgimento da fé na derrocada do ceticismo, ou o nascimento do ceticismo no colapso da fé. Evidentemente, entrelaçados como foram, eles agiram e reagiram entre si, e até mesmo chegaram a modificar um ao outro (cada um tentando impedir o outro de chegar ao seu extremo teórico), mas seus fundamentos encontram-se de maneira independente nas circunstâncias da política moderna. E, como disse, nenhum deles deve ser identificado com as diferenças, divisões, antagonismos, alinhamentos e partidos que compõem a superfície da nossa história política e que existem em grande medida ou por completo tal como se refletem mutuamente. Estamos considerando, portanto, dois estilos de política que estão em oposição abstrata, mas que formam juntos o nosso complexo e ambivalente modo de governar e nosso complexo e ambíguo entendimento daquilo que é próprio à função do governo.

Na prática, o ceticismo nunca é absoluto: a dúvida total é, simplesmente, uma contradição em si mesma. E, como modo de compreender a atividade de governar, o ceticismo não deve ser identificado nem com a anarquia nem com o individualismo radical que frequentemente está associado a ela.[5] Pelo contrário, a política do ceticismo compreende a atividade de governar de forma bastante específica, desvinculada da busca da perfeição humana. Intelectualmente, esse desprendimento é alcançado quando a perfeição deixa de ser percebida como uma condição mundana das circunstâncias ou, no caso de sua busca ser reconhecida como própria da humanidade, não é o governo o encarregado de tomar conta dela. Com algumas reservas, pode-se dizer que a política cética tem sido a modalidade característica da Europa medieval. A desvinculação do governo da busca da perfeição pode, no entanto, ser alcançada de outras maneiras; nos tempos modernos, pode-se dizer que a política do ceticismo (vista como um estilo abstrato de política) tem suas raízes na crença radical de que a perfeição humana é uma ilusão, ou, na visão menos radical, de que sabemos tão pouco sobre as condições da perfeição humana que se torna imprudente concentrar nossas energias em uma única

---

[5] Historicamente, a anarquia está mais próxima da política da fé que da política do ceticismo. A tendência antinomiana da fé é em si mesma anárquica e ao mesmo tempo tirânica.

direção, associando sua busca à atividade de governar. De acordo com esse argumento, a imperfeição humana pode ser instável e, além disso, uma única e simples condição das circunstâncias humanas (embora isso possa vir a ser questionável), mas, mesmo nessas hipóteses, buscar a perfeição em apenas uma direção (especialmente sem desvios, independentemente do que seja necessário fazer para alcançá-la) é um convite para o desencanto e (o que pode ser pior que a insatisfação por não alcançá-la) a aflição no caminho. No geral, já que estamos considerando os tempos modernos, acredito que seja mais correto encontrar as raízes da política do ceticismo nessa desconfiança cautelosa que em alguma dúvida mais radical. A dúvida radical não tem estado ausente, como tampouco a concepção (não abordada aqui) de que a busca da perfeição é demasiado importante para ceder seu controle e direção a um grupo de pessoas que, por sangue, força ou eleição, adquiriram o direito de intitularem-se "governantes"; contudo, nem a dúvida radical nem essa outra concepção são necessárias para afastar a atividade de governar da busca da perfeição.

Esse desprendimento priva a atividade de governar do propósito compreensivo (a busca do bem comum) de que desfruta na política da fé. Aqui, o governo não deve ser o arquiteto de um modo perfeito de vida, ou (como a fé o compreende) de uma maneira aprimorada de viver, ou mesmo (como se mostra) de qualquer modo de vida. Contudo, privar-se disso não significa estar privado de tudo. E acredito que as afirmações que a política do ceticismo faz sobre a atividade de governar, ao contrário da política da fé, não estão baseadas em uma doutrina sobre a natureza humana, mas em uma leitura da conduta humana. O cético na política observa que os homens vivem em proximidade uns com os outros e, ao perseguirem várias atividades, podem entrar em conflito. Quando alcança certas dimensões, esse conflito não apenas torna a vida bárbara e intolerável, como pode extingui-la abruptamente. Portanto, a atividade de governar subsiste não porque é boa, mas porque é necessária. Sua função primordial consiste em diminuir a gravidade do conflito humano ao reduzir as ocasiões em que ocorre. Pode conferir um "bem" desde que seja executada de uma maneira que se harmonize com o tipo de conduta correntemente aprovada e não o prejudique.

Essa ordem superficial pode parecer insignificante (algo que a política da fé aceita sem contestação), e preservá-la pode parecer uma ocupação menor. Mas o cético a entende como uma conquista grandiosa e árdua, porém nunca fora do alcance da decadência e da dissolução. Ele tem aquilo que Henry James chamou de "a imaginação do desastre" e, por isso, lembra-nos de que essa ordem pode ser tão frágil quanto valiosa e, quando colapsa, a vida torna-se rapidamente "solitária, pobre, desagradável, brutal e curta", sem nenhuma oportunidade para buscar a perfeição e muito pouca para contemplá-la. Mas, embora essa ordem superficial não deva ser desprezada, ela não significa tudo. Consequentemente, compete ao cético insistir que não devemos gastar mais recursos que o necessário para sua preservação.

Agora, o custo que isso acarreta é a concentração daquilo que, na melhor das hipóteses, será uma grande quantidade de poder disponível na comunidade e também o destacamento de atividades humanas com finalidades mais agradáveis. O governo fraco é inútil. Na compreensão do cético, o governo forte não deve ser visto como um passo na direção da política da fé, pois não se trata de um governo minucioso: sua força está sempre limitada pelo estreito campo de sua atividade. Mas, seja como for, é claramente um atributo do cético considerar a economia no uso do poder ao governar, e a maioria das nossas práticas e ideias nesse assunto originam-se desse estilo de política. Não estamos preocupados com essas práticas e ideias que pertencem, propriamente, às várias versões da política do ceticismo, mas é oportuno, mesmo neste esboço abstrato, observar a adequação, em termos de economia, da conduta do governo (isto é, a manutenção da ordem) por meio de leis conhecidas e estabelecidas, bem como por um sistema de direitos ligado a (que, na verdade, é historicamente derivado) meios de reparação conhecidos e fáceis de manejar. Esse modo de governar é, pelo menos, mais econômico no uso do poder que, em geral, sua única alternativa possível – a interrupção contínua ou esporádica das atividades humanas por medidas corretivas *ad hoc* que requerem não uma pressão constante e moderada em direção da ordem, mas a constante mobilização e desmobilização de grandes quantidades de poder. O ponto de partida, na visão do cético, é que a atividade de governar é uma atividade *judicial*, e o poder concentrado pelo governo não está disponível para quem queira promover ou impor seu projeto favorito.

Além disso, há outra razão pela qual é apropriado que o cético esteja especialmente preocupado com a economia do poder no governo. Partindo, teoricamente, de uma leitura da conduta humana que supõe o conflito entre os homens, e não vê nenhuma forma de suprimi-lo sem eliminar muito mais coisas ao mesmo tempo, o cético não está disposto a ignorar que a função do governo é ocupada por homens da mesma estirpe dos sujeitos que eles governam – isto é, homens sempre suscetíveis, quando se tornam governantes, a ir além do âmbito de sua atuação e impor à comunidade uma "ordem" particularmente favorável aos seus próprios interesses ou (num excesso de generosidade ou de ambição) para impor algo mais que uma ordem. Por essa razão, é também apropriado que a política do ceticismo seja comedida na quantidade de poder outorgado ao governo. E se for necessário destacar mais atividade humana para constituir um organismo, não de governantes, mas de guardiões do governo, isso será considerado parte do custo inevitável do bom governo, um custo a ser mantido, todavia, no nível mais econômico.

Na compreensão cética de governar, portanto, a manutenção da ordem é o primeiro objetivo do governo. Mas há, também, o que parece ser um segundo objetivo: a busca por melhorias e, quando conveniente, o aprimoramento do sistema de direitos e deveres e de seu correspondente sistema de meios de reparação, que, juntos, compõem a ordem superficial. A atividade do "aprimoramento", é claro, deve ser distinguida do que, na política da fé, compreende-se como o propósito abrangente do governo. Aqui, o que deve ser aprimorado não são os seres humanos ou suas condutas, nem mesmo suas circunstâncias de maneira ampla, mas o sistema existente de direitos, deveres e meios de reparação. As direções em que o aprimoramento deve ser buscado são inconfundíveis; algumas são mais radicais que outras, mas nenhuma afasta a atividade de governar do seu primeiro objetivo. Na verdade, o "aprimoramento" é, simplesmente, uma parte da articulação da manutenção da ordem.

Será observado que tanto a maneira de manter a ordem como o caráter da própria ordem estarão sempre condicionados pelo tipo de atividade em que os membros da comunidade estão engajados. De fato, nas comunidades europeias modernas, essas atividades mudam constantemente; cada um dos milhares de invenções mecânicas provocou uma mudança dessa espécie. A tarefa do governo, portanto, não é determinar quais serão essas atividades, porém evitar que se tornem prejudiciais àquela ordem, sem a qual qualquer atividade (exceto as mais primitivas e desagradáveis) torna-se impossível. Realizar mudanças correntes na atividade, mediante ajustes necessários no sistema de direitos, deveres e meios de reparação, é a forma mais radical de aprimoramento de que o governo é capaz nesse estilo de política. No entanto, deve-se observar que a atividade do "aprimoramento" não é uma atividade independente, subsidiária à manutenção da ordem; é, em si mesma, a manutenção de uma ordem apropriada. Negligenciar isso não equivale a deixar de cumprir uma obrigação: é, precisamente, permitir que a desordem se institua. Por essa razão, o aprimoramento, estritamente falando, não é um segundo objetivo do governo, mas, tão somente, um aspecto do primeiro e único objetivo.

Mas, além disso, todo sistema de direitos, deveres e meios de reparação está, internamente, em um estado de desequilíbrio. O sistema nunca foi concebido como um todo, e a coerência que possui é produto do reajuste constante entre suas partes. E, ainda que não tenha ocorrido nenhuma mudança na direção das atividades, o sistema da ordem superficial é sempre capaz de se tornar mais coerente. Meditar sobre esse sistema e torná-lo mais coerente ao responder a suas insinuações é uma forma de aprimorá-lo que pertence (no entendimento do cético) à função do governo, embora suspeite do desmedido amor pela simetria e de um impulso demasiado ávido por abolir as anomalias.

Outras direções apropriadas do aprimoramento são ainda mais óbvias. A atividade de governar sempre pode tornar-se mais econômica em seu uso de poder e recursos; sempre haverá espaço para todo tipo de melhoria que torne a ordem menos onerosa, sem, por isso, torná-la menos eficaz. Será um ganho evidente se uma quantidade menor de atividade humana for desviada para a ocupação infrutífera de contornar algum excesso de ordem, ou de procurar uma saída para escapar da frustração imposta por uma ordenação muito insistente. Para o cético, há uma espécie de barbárie na ordem que deve ser evitada tanto quanto a barbárie da desordem; a barbárie da ordem surge quando a ordem é buscada por si mesma e quando sua preservação envolve a destruição daquilo sem a qual ela se torna apenas a ordenação de um formigueiro ou de um cemitério.

A atividade de governar, portanto, da forma como o cético a compreende, pertence a um complexo de atividades; é uma entre centenas de outras, sendo superior a todo o complexo apenas em virtude de ser a atividade que tudo vigia do ponto de vista da ordem pública. Governar não é impor de uma única moral ou outra direção, tônica ou maneira às atividades de seus governados. O alcance e a direção das atividades na comunidade são o que são e, é claro, entre elas se encontra a aprovação ou reprovação moral da conduta corrente. Mas a aprovação ou reprovação moral não fazem parte da função do governo, que não está, de modo algum, preocupado com as almas dos homens. Em qualquer sentido derradeiro, não se decide e não é preciso decidir quem está certo ou quem está errado; tampouco é necessário invocar uma teoria especulativa das individualidades sacrossantas (como a doutrina da liberdade de J. S. Mill) ou (por outro lado) da solidariedade social; a única preocupação do governo é o efeito da conduta na ordem pública. O governante modesto desse estilo não se considera mais apto que seu vizinho para determinar um curso geral da atividade humana. Mas sua modéstia termina aí: em seu reduzido campo, pode se dar ao luxo de ser inexorável. É preciso manter em funcionamento os meios de reparação para que possam recorrer a eles todos os que tiveram seus direitos negados, observar se tais direitos e deveres estão adequados à condição momentânea da sociedade, bem como prevenir a corrupção dessa "justiça". Se acrescentarmos a isso a tarefa de estar preparado para proteger a comunidade contra um inimigo estrangeiro, ou para defender seu interesse (se tiver algum) no mundo em geral, não estamos acrescentando nada de novo. É verdade que a defesa da ordem deve ser exercida de uma maneira mais empírica e que se trata menos de uma questão de garantir o cumprimento de direitos e deveres que de buscar uma política; mas seus limites são os mesmos, e liderar uma cruzada moral contra um país estrangeiro é tão incomum nesse estilo de governo quanto comandar uma cruzada moral contra qualquer um de seus governados. Em resumo, na política do ceticismo, o governo é como bom humor e sátira; um não nos levará ao céu e o outro não revela "verdade", mas o primeiro pode nos salvar do inferno, e o segundo da estupidez.

Agora, como ocorre com a política da fé, podemos preencher este esboço abstrato da política do ceticismo considerando algumas de suas implicações. Para esse estilo de governo e esse entendimento da atividade de governar, é apropriado que haja certo nervosismo quanto ao exercício do poder: onde os limites são severos, a responsabilidade de ultrapassá-los, inadvertida ou ambiciosamente, é grande. Não acho que devamos atribuir ao cético na política, como questão de princípio, uma espécie de crença no valor absoluto da diversidade na conduta humana; de forma mais apropriada, ele observa que essa diversidade existe e não reconhece que ele mesmo ou qualquer outra pessoa tenha autoridade para destruí-la. No entanto, o governo exerce certo controle sobre a conduta de todos os habitantes de um território; para realizar sua limitada atividade, ele inevitavelmente se encontra em posse de um poder que, se usado para esse propósito, é suficiente para impor uma uniformidade mais extensa que a necessária para a manutenção da ordem superficial. Consequentemente, o defeito característico da virtude desse estilo de governo não será a fraqueza no caso concreto, mas uma tendência a subestimá-lo. Acreditando que assim como o alho na cozinha, o governo deve ser utilizado de forma que apenas sua ausência seja notada, a desconfiança do cético é imediatamente despertada pela atividade intrusiva. Contudo, ele não tem dúvida de que a ausência do governo seria notada.

Além disso, nesse estilo de governar, um alto grau de formalidade torna-se apropriado, e haverá considerável atenção aos precedentes. Mas isso não é devido a uma crença de que o precedente representa a "verdade" e que se afastar dele é um "erro", mas simplesmente porque se a manutenção da ordem não for disciplinada, ela rapidamente se corromperá em parcialidade ou na busca de projetos favoritos. A formalidade é valorizada pelo cético porque é uma maneira econômica de evitar o excesso em um campo em que o defeito lhe é preferível. Da mesma forma, no estilo cético da política não haverá lugar para a legislação retroativa e para toda transgressão das leis que puna uma conduta que não esteja claramente proscrita; o castigo será definitivo para os condenados por crimes em um ou outro de seus graus conhecidos; o veredicto bárbaro "não comprovado",[6] resquício

---

[6] A grande maioria dos sistemas processuais penais no mundo opera tendo por base dois possíveis veredictos: *culpado* ou *inocente*. Oakeshott menciona uma terceira possibilidade, até hoje presente no direito escocês, a chamada *não comprovação* (*not proven*). Em termos práticos, o réu *não comprovado* recebe as mesmas implicações legais da absolvição, ou seja, não sofre nenhuma

da intransigência tribal disfarçada em trajes de rigor científico, que pertence à política da fé, não terá lugar aqui. No que diz respeito à conduta do sujeito individual, a punição será preferida à prevenção, porque, em geral, é impossível impedir ações sem assumir o controle de uma vasta área de comportamentos que as rodeiam sem o exercício de um grande poder – em suma, sem transformar a sociedade civil em uma sala de aula mal administrada, em que cada lição é precedida de estilingues, brinquedos e peças de xadrez, algo que torna os alunos e professores igualmente infelizes e ansiosos pelos feriados.

Novamente, a convicção cética de que governar não é uma questão de estabelecer a "verdade" de uma proposição e traduzi--la em uma conduta, mas de impor certa ordem superficial, determinará sua compreensão acerca de algumas instituições familiares do governo moderno. A discussão e a "oposição" não serão vistas como meios para a "descoberta da verdade",[7] mas uma forma de chamar a atenção para algo que, de outro modo, poderia ter sido esquecido, bem como para manter o governo dentro de seus próprios limites e, consequentemente, serão atividades desempenhadas de forma contínua e não ocasionalmente ou com relutância. Em geral, o cético não dará mais valor aos aspectos que tornam as instituições aptas a despachar negócios, senão aos aspectos que reduzem o dano que pode ocorrer quando as instituições estão nas mãos de homens ambiciosos. Ele reconhece que, por mais limitada que seja a esfera do governo, será, sempre, uma atividade para

---

punição e é considerado inocente aos olhos da lei. Contudo, a percepção por trás desse veredicto é que ele acaba sugerindo a condenação, ou seja, o promotor ou os jurados consideram o réu culpado, mas não possuem provas suficientes para condená-lo. Isso gera bastante controvérsia, tanto por estigmatizar o acusado como também por frustrar as expectativas legítimas das vítimas de terem uma solução definitiva do caso. Oakeshott considera esse instrumento uma barbárie, pois ele vai de encontro à principiologia do moderno direito penal, que tem na presunção de inocência um de seus pilares. (N. T.)

[7] Lindsay, *Essentials of Democracy*, p. 35.

a qual os seres humanos estão plenamente qualificados: exige um desinteresse que está sempre ausente. Consequentemente, em certas circunstâncias, o cético acolherá a "corrupção" com boa vontade se for o meio de contrapor-se a uma parcialidade mais séria ou a uma ambição mais devastadora.

Por último, na política do ceticismo, é evidente que a atividade de governar não é nada entusiasmante, e tampouco requer entusiasmo por seus serviços. Os governantes ocuparão um lugar honrado e respeitável, mas não elevado; sua qualidade mais notável será que não pretendam reivindicar uma capacidade divina para dirigir as atividades de seus governados – *dis te minorem quod geris, imperas*.[8]

IV

Com o esboço abstrato desses dois estilos de política diante de nós, começa a tomar forma minha afirmação de que a ambivalência da política moderna é uma confusão a respeito tanto da atividade como de sua compreensão, cujos polos são esses estilos. Aqui, as duas maneiras de conduzir e de entender o governo são totalmente opostas entre si, porque correspondem aos extremos abstratos de que nossa política é capaz. Mas, é claro, os extremos abstratos são ideais; historicamente, nossa prática e nossa compreensão do governo ocuparam uma região intermediária, somente com excursões esporádicas aos horizontes. No entanto, tanto a prática quanto a compreensão miraram e avançaram em ambas as direções; tais olhares e movimentos têm constituído nossos dois estilos de política.

---

[8] "Visto que você se comporta como inferior aos deuses, você comanda." Temo que meu esboço da política do ceticismo possa ser confundido com o que tem sido chamado de "estado vigia noturno". Se possível, essa confusão deve ser evitada. Não estou aqui considerando "o estado", mas somente a atividade de governar.

Poderia parecer que esses dois estilos são, em seus extremos, tão radicalmente opostos entre si que sua comunicação torna-se improvável: o que um afirma o outro nega, e o diálogo ocorreria apenas quando, na região intermediária, certas coisas fossem esquecidas. Contudo, essa exclusão mútua é limitada em um importante aspecto: os dois estilos de política compartilham um vocabulário comum, pela boa razão de que nenhum outro esteve disponível. Eles falam a mesma língua e, na maior parte, teorizam as mesmas instituições familiares de governo. Todavia, dado que cada estilo de política atribui sentidos opostos às palavras e expressões desse vocabulário comum, quase toda comunicação tem sido feita em propósitos cruzados, confirmando a ambiguidade do vocabulário. Não se chegou a esse equívoco total apenas pelo fato de que muitas das palavras do vocabulário possuem um conjunto de significados ao centro que, até certo ponto, medeiam os extremos entre si.

Se considerarmos algumas versões históricas desses dois estilos de política, poderemos observar essa ambiguidade na prática e, assim espero, ter uma visão mais próxima do caráter concreto da nossa política, considerando-a como uma *concordia discors* desses dois estilos. Mas, enquanto isso, proponho oferecer dois exemplos da forma abstrata da ambiguidade, a fim de revelar a facilidade com que o vocabulário se adapta a diversos usos.

Há uma famosa expressão que nos chega do mundo antigo: *salus populi suprema lex esto*. Assim aparece em Cícero.[9] Se é exagero afirmar que nunca entrou em desuso desde que foi escrita, certamente permaneceu como parte do acervo de expressões políticas europeias prontas para ser utilizadas em momentos de necessidade. Nos séculos seguintes, foi citada, mal interpretada, adaptada, resumida e parodiada. Tem estado a serviço da política do ceticismo e da política da fé, e há muito tempo tornou-se uma obra-prima do equívoco, o emblema

---

[9] *Leg.*, 3. 3. 8.

de toda a ambiguidade do nosso vocabulário político. Se a expressão tivesse sido concebida para a ambiguidade, dificilmente se faria algo melhor; cada palavra nela, exceto a última, apresenta potencialmente um duplo sentido, que normalmente era omitido.

Vamos começar com *salus*. Seu significado, mesmo no latim clássico, varia amplamente: da mera *segurança* (o socorro perante a ameaça de extinção) até *saúde* (o que é normal), *prosperidade* (que é modesta), *abundância* (que é excessiva), *bem-estar* (que é abrangente) e *salvação* (que não deixa nada a desejar). *Salus*, na religião política romana, era uma divindade de muitas partes, uma deusa que personificava, ao mesmo tempo, saúde, prosperidade e bem-estar público.[10] Aos ouvidos romanos, a expressão *salus populi* deve ter sugerido de maneira inequívoca a *salus publica* ou *romana*, que era a preocupação e o dom dessa deusa. No entanto, nessa passagem, Cícero lhe atribui um significado muito mais restrito; na verdade, o contexto é militar. Quando o inimigo se encontra diante das muralhas, quando a própria existência da *civitas* está em perigo, a primeira consideração do general comandante do exército nessas circunstâncias é ser a *salus* do *populus romanus*. Prosperidade, felicidade e boa vida acabam recuando; seu lugar está tomado pela urgência da mera sobrevivência. A palavra *salus*, então, começa sua vida política a serviço da política do ceticismo, da política da preservação e, além disso, no extremo. Em sua forma original, ou traduzida para as línguas europeias modernas, ainda conserva esse sentido. Comitês de "segurança pública" não são criados em momentos de tranquilidade, quando a mente dos homens se volta para pensamentos de prosperidade e bem-estar, mas em épocas de emergência. Sua função não é distribuir abundância, mas combater a fome; não é promover a saúde, e sim lidar com uma praga; não é distribuir o bem-estar, mas impedir a extinção.

---

[10] Cicero, *Leg.*, 2. 11. 28; Tacitus, *Agricola*, 12. 23.

Não resta dúvida de que o lugar que *salus* passou a ocupar no vocabulário da religião cristã, com o sentido de salvação do pecado e seus castigos, estimulou a exploração na política de alguns de seus significados mais amplos. A Idade Média parece ter dado pouco uso para essa frase de Cícero; mas a encontramos pela primeira vez na moderna política inglesa na fórmula da prerrogativa real, aquela "massa de poderes, direitos e imunidades que distinguia o rei de um indivíduo privado" e que, no século XVI, começava a ser entendida como o poder discricionário real, que não estava contido na soma do direito escrito e consuetudinário e que era exercido fora do Parlamento. Essa prerrogativa, sem dúvida, é a autoridade para corrigir aquilo que se perdeu em uma emergência. Mas não apenas isso. Ao se apropriar de *salus populi* como sua fórmula, o que pretendia denotar era o "benefício geral do reino",[11] algo mais amplo que "segurança pública". Assim, a palavra subiu, mas não muito, na escala de seus possíveis significados. Mas não demorou muito para que a expressão estivesse voando para além dessa altura média. Bacon, caracteristicamente, depois de lembrar os juízes que sua função é *jusdicere* e não *jus dare*, também os aconselha a serem guiados pela máxima *salus populi suprema lex*, os quais, caso tivessem escutado o conselho, teriam transformado suas cortes no tipo de tribunais com os quais estamos familiarizados – "tribunais populares" que não julgam crimes, mas maus comportamentos indefinidos, e que não aplicam a justiça de acordo com a lei conhecida, mas algum outro tipo de "justiça", talvez a "justiça social". Quando aqueles que haviam abolido a monarquia e sua prerrogativa passaram a considerar o princípio regulador do governo, sua "lei fundamental", com frequência escolheram essa citação ciceroniana. Foi atribuída uma grande diversidade de interpretação, surgindo como a fórmula do

---

[11] Cf. Chief Baron Fleming in Bates's Case (1606) Prothero: *Statutes and Constitutional Documents* (1558-1625), p. 341.

antinomianismo radical e também de um constitucionalismo estrito. O significado de *salus* foi ampliado: significava o "bem público", "o bem-estar público", "a prosperidade da nação", e essas expressões, por sua vez, foram interpretadas de alguma maneira como "o estabelecimento da verdadeira religião", "o império da retidão" e a "salvação". Não é surpreendente que o sardônico Selden descubra que "não há nada no mundo mais deteriorado que essa sentença, *salus populi suprema lex esto*".[12]

Tampouco *salus* era a única palavra ambígua nessa expressão. Entre os romanos, *populus* era o equivalente de *civitas* ou *respublica*. Cícero sempre usa *salus*, geralmente com o significado de "garantia ou "segurança", em um sentido estrito em relação à *civitas*.[13] Está claro que quem tomou essa expressão como a fórmula da prerrogativa leu *populi* como "reino". Outros que vieram depois mantiveram essa interpretação. Mas havia aqueles para quem *populi* adquiriu um significado exclusivo, não *populus*, mas *plebs*; e, assim, surgiu o vulgar significado contemporâneo de "o povo". Alguns até leem a máxima como se *populi* se referisse a cada sujeito individual; de fato, Locke, com inadvertência típica, faz isso em mais de uma ocasião. *Suprema* mostrou uma ambiguidade similar: algumas vezes significava "fundamental", outras vezes "avassalante"; representava o que deveria ser considerado em primeira instância e o que deveria ser o último recurso quando todos os indicadores falhavam. Acredito que ninguém interpretou *lex* como "lei" em sentido estrito; *salus populi* era considerada como o ditame da *lex naturalis*, mas frequentemente se escrevia a respeito da *lex* como se fosse *jus*.

Quando o latim deu lugar ao inglês em nossa linguagem política, o alcance do significado e da ambiguidade de *salus* foi herdado pelas palavras que vieram a substituí-lo, no caso, "salvação" e "segurança".

---

[12] *Table Talk*, CIII.
[13] *Rep.*, 1. 1. 1; 1. 34. 51; 2. 23. 43; 6. 12. 12. *Ver*, 2. 2. 6. 16; 2. 1. 2. 4.

Pitt afirmou que a Inglaterra "salvou" a Europa com seu exemplo e a si mesma pelos seus esforços, e está claro que ele estava falando desde o fundo do alcance do significado. Ele quis dizer "salvo" de ser "conquistado", "resgatado" de um opressor. E se os revolucionários tivessem traduzido isso como "salvo" de ser "libertado", "resgatado" de ser "salvo", a extensão do significado seria notável, mas mediada de tal forma que se tornaria ininteligível. Mas hoje, quando um político na oposição diz a seus eleitores, "quando a eleição geral chegar, vocês precisam derrotar o atual governo para então, e somente então, termos a chance de salvar a humanidade", sabemos que estamos indo para outro mundo. E o que é verdade sobre a palavra "salvar" é igualmente verdadeiro para a palavra "segurança"; na verdade, sua gama de significados e sua ambiguidade são notórios demais para exigir uma ilustração.

Meu segundo exemplo diz respeito à palavra "Direito", e aqui a situação não precisa de muita elaboração. A palavra "direito", quando precedida pelo artigo indefinido, apresenta uma escala de significados que varia de um extremo a outro, e tais extremos, em minha opinião, são os significados apropriados para nossos dois estilos de política. Na extremidade inferior dessa escala, "um direito" denota a autoridade de desfrutar de certo tratamento pelas mãos de outros ou de conduzir-se de determinada maneira, o que se une a um método de buscar reparação ou compensação por qualquer frustração que possa ter sofrido. A respeito dos "direitos" nesse extremo da escala, acredito que, em linhas gerais, os meios de reparação surgiram primeiro e o "direito" tenha sido subsequentemente formulado como uma inferência; geralmente, a formulação é um pouco mais liberal que o meio de reparação é capaz de assegurar. Dessa maneira, normalmente, temos o direito de não ser presos por mais que um curto período sem que um julgamento seja marcado, e o direito de seguir em liberdade se, após o julgamento, não formos condenados e nenhuma outra acusação recair sobre nós. Um pedido de *habeas corpus* é, em geral, nosso meio de reparação. Novamente, com certas exceções, tenho o direito de que meu ingresso em uma universidade britânica não seja recusado por causa de minhas crenças religiosas; isso significa que posso interpor uma ação contra quem me recusou com base nesses motivos; o que, por sua vez, significa que devem pensar em outra razão para me recusarem, caso seja isso que desejem. Meu direito é, de fato, o de não aceitar esse motivo ao ser recusado. Além do mais, tenho o direito de não ser preso por um policial, a menos que ele alegue uma base razoável para acreditar que cometi um crime, e, se for preso, posso propor uma ação contra o policial. Também tenho certa liberdade de expressão, e, se quero saber precisamente o que isso significa, posso apenas descobrir ao averiguar qual liberdade de expressão possuo que não me torne suscetível a sofrer um processo. Em outras palavras, meu direito é o dever de outra pessoa, e direito e dever se definem mutuamente.

Agora, alguns dos direitos que foram proclamados parecem bem mais amplos que aqueles que estamos considerando; os direitos, por exemplo, à "vida, liberdade e busca da felicidade". E, com isso, o significado da palavra "direito" começa a se expandir. Durante muito tempo, estivemos acostumados a nos tranquilizar sobre essa expansão por meio de adjetivos; reconhecemos os direitos do extremo inferior da escala como direitos "legais", e logo denotamos outros como direitos "morais" ou "sociais". Mas esse estratagema não resolve enigma nenhum. O que é significativo sobre os direitos na extremidade inferior da escala não é que eles sejam "legais", porém limitados; e o que é significativo sobre os direitos que surgem à medida que subimos a escala do significado não é que eles sejam "sociais" ou "morais" em vez de "legais", mas que são amplos – como veremos, alguns deles são, de fato, "legais". Agora, o que significa o "direito à vida"? É o direito de não ter minha vida eliminada a não ser pelo devido processo legal? Ou é o direito de desfrutar de certo tipo ou padrão de vida? Se é o primeiro, então ainda estamos na extremidade inferior da escala; se é o segundo, começamos a nos mover na direção do outro extremo, embora ainda possamos estar falando sobre um direito "legal". A vida, em suma, é uma palavra ambígua, e o "direito à vida" revela a potencial ambiguidade da palavra "direito". E o que é verdade sobre a "vida" também o é sobre a "liberdade" e "a busca da felicidade", exceto que aqui (mas não em toda parte) a última é mais cautelosa – não chega a proclamar o direito de obter felicidade. Desse modo, podemos subir na escala e, quem sabe, possamos considerar que chegamos ao topo quando alcançamos o direito proclamado em outra famosa declaração, o direito à "liberdade de viver sem miséria",[14] embora não haja motivo para que tal direito se sinta sozinho no topo – há muitos outros da mesma espécie. Mas se isso é um "direito" (e pode ser um direito legal, embora careça de definição), então sem dúvida não é um "direito" no mesmo sentido que a liberdade de não ser preso arbitrariamente é um "direito". Compreendemos com facilidade o que Scaliger quis dizer quando afirmou que na França "todo mundo tem o direito de escrever, mas

---

[14] Oakeshott refere-se aqui ao discurso do presidente Franklin D. Roosevelt proferido diante do Congresso dos Estados Unidos no ano de 1941, poucos meses antes do ataque a Pearl Harbor e do posterior ingresso americano na Segunda Guerra Mundial. Em sua fala, que ficou conhecida como o *Discurso das Quatro Liberdades*, Roosevelt procurou sintetizar quatro objetivos ou esferas de liberdades fundamentais de que todos os seres humanos deveriam dispor: liberdade de expressão (*freedom of speach*), liberdade religiosa (*freedom of worship*), liberdade de viver sem miséria (*freedom from want*) e liberdade de viver sem medo (*freedom from fear*). A *liberdade de viver sem miséria* significa, em linhas gerais, que todos os homens possuem direito a um nível adequado de vida. Uma versão elaborada desse conceito pode ser encontrada no artigo 25 da Declaração Universal dos Direitos Humanos: "Toda pessoa tem direito a um nível de vida suficiente para lhe assegurar e à sua família a saúde e o bem-estar, principalmente quanto à alimentação, ao vestuário, ao alojamento, à assistência médica e ainda quanto aos serviços sociais necessários, e tem direito à segurança no desemprego, na doença, na invalidez, na viuvez, na velhice ou noutros casos de perda de meios de subsistência por circunstâncias independentes da sua vontade". (N. T.)

poucos têm a capacidade": ingressamos em um mundo diferente quando proclamamos a capacidade de escrever como um "direito". E o que dizer dessa palavra numa famosa expressão da Revolução Francesa: "Todo francês tem o direito de enfrentar os inimigos do seu país no campo de batalha".

Assim, observamos aqui a mesma amplitude de significados que vimos no caso de *salus* como um termo político. Em um extremo da escala, posso ter o dever de impedir que ervas daninhas que crescem na minha propriedade corrompam a terra do vizinho e posso vir a ser acionado caso não cumpra o meu dever; no outro extremo, posso ter a obrigação de cultivar a minha terra "de acordo com as regras do bom cultivo" e uma penalidade penal também pode ser atribuída ao fracasso. Em um extremo da escala, há o direito de não ser preso arbitrariamente; no meio, talvez, encontra-se o "bem-estar", o direito da mulher grávida de ter suco de laranja à custa da comunidade; e, no outro extremo, está o direito proclamado à liberdade de viver sem miséria. No fundo, ou perto do fundo, está o *droit de travail*; no meio (ou talvez um pouco mais acima) está o *droit au travail*; no topo, está o "campo de trabalhos forçados".

Acredito que os extremos do significado têm correspondido ao que é próprio, respectivamente, da política do ceticismo e da política da fé. De fato, tomei esses dois estilos de política com base nos extremos da conduta e da compreensão que se revelam em nossa maneira de falar, e são formulações convincentes apenas na medida em que tornam inteligível a confusão atual e histórica da nossa política. A ambiguidade, é claro, surge simplesmente do emprego de uma única palavra para concepções diversas e opostas.

Até agora, então, temos diante de nós esboços abstratos dessas duas maneiras de governar e de entender o que é próprio da função do governo. Também observamos o que pode ser chamado de mecanismo da ambiguidade. Nossa próxima tarefa será considerar as contingências da política da fé e da política do ceticismo.

Capítulo 3 | As Contingências da Fé

I

O caráter geral da política da fé está diante de nós; devemos agora considerar o surgimento desse estilo de política nos tempos modernos e também algumas das versões nas quais ele apareceu.[1]

Na política da fé, a atividade de governar se encontra a serviço da perfeição humana; a própria perfeição é entendida como uma condição mundana das circunstâncias humanas, sendo que sua realização depende do esforço humano. A função do governo consiste em dirigir as atividades de seus governados, seja para que contribuam com os aprimoramentos que, por sua vez, convergem para a perfeição, ou (em outra versão) para que se ajustem ao padrão imposto. Dado que

---

[1] A palavra *fortuna* (*fortune*) pode ser utilizada em diversos contextos, significando tanto *riqueza* como também *sorte* ou *destino*. Na filosofia, Maquiavel emprega o conceito de fortuna (*fortú*) em referência à deusa romana do acaso, que, na mitologia, atribuía seus desígnios de maneira aleatória, representando tanto a boa como a má sorte; a virtude (*virtú*) do soberano era justamente sua habilidade de adaptar-se às circunstâncias da *fortuna*, que lhe são externas e imponderáveis, e controlá-las. Nesta tradução, optou-se por traduzir *fortunes* como *contingências* por duas razões principais: primeiro, para evitar o caráter ambíguo dessa palavra no uso coloquial da língua portuguesa (normalmente, *fortuna* é associada à ideia de riqueza); segundo, porque *contingências*, utilizada no plural, da mesma maneira como Oakeshott a emprega (*fortunes*), reforça a ideia de aspectos ocasionais que determinam, afetam e delineiam o caráter e a prática das políticas da fé e do ceticismo. (N. T.)

essa atividade somente se sustenta mediante um controle minucioso e zeloso das atividades humanas, a primeira necessidade do governo na política da fé é um poder que satisfaça essa tarefa.

Pareceria, então, que qualquer um que se apoderasse dos princípios desse estilo de política trataria, em primeiro lugar, de acumular o poder necessário para iniciar sua empreitada. É possível que isso ou algo muito similar seja de fato o que aconteceu; mas acredito que não no começo. Ideias abstratas e especulativas sobre a função do governo, ou sobre qualquer outra coisa, não surgem espontaneamente dessa maneira; creio que, por regra geral, sucede que os homens desejam estabelecer suas raízes naquilo que imaginam que farão com a capacidade e os recursos que já controlam ou plausivelmente esperam controlar. De qualquer forma, a tese que desejo investigar é que, na moderna história europeia, a política da fé não foi a progenitora do grande aumento de poder à disposição do governo, mas a prole de uma ampliação circunstancial desse poder. A aparição não repentina, mas num espaço de tempo notavelmente curto, de quantidades de poder vastamente aumentadas, algumas das quais já vinculadas à função do governo e todas potencialmente à sua disposição, e a promessa de adições quase ilimitadas a esse poder – esses acontecimentos, que representam o surgimento do mundo moderno a partir do que chamamos de Idade Média, orientaram a prática do governo na direção de um controle cada vez mais minucioso das atividades de seus governados e, ao mesmo tempo, originaram as crenças que pertencem à política da fé. Em outras palavras, minha opinião é que o poder que começou a ser acumulado pelos governos europeus nos primeiros anos de nosso período não era requerido para implantar um estilo de governo que exigisse muito poder com voracidade, mas que esse estilo surgiu justamente quando o poder necessário para conduzi-lo já estava disponível, e apenas foi recomendado em abstrato ao governante ou ao governado muito tempo depois de ter sido estabelecido em alguma medida. Não afirmo, entretanto, que esse acúmulo de poder foi a causa necessária e suficiente do surgimento da política da fé: a história não conhece tais causas. Sugiro apenas que, no mundo moderno, a política da fé foi um dos resultados dessa acumulação circunstancial de poder. Argumentarei mais tarde que outra prole notável (talvez por uma mãe diferente) é a moderna política do ceticismo. Ou talvez fosse um relato mais preciso do meu ponto de vista dizer que ambos os estilos de política são os enteados dessa ampliação de poder que marca o começo dos tempos modernos.

Penso que essa tese pode ser defendida em termos gerais. Por outro lado, acredito que também possa ser estabelecida em termos históricos – isto é, mostrando em detalhe o surgimento dessa compreensão da função do governo e das condições de poder do início da história moderna. Não seguirei nenhuma dessas causas: nem a primeira, porque, embora possa me convencer, duvido que convença qualquer outro; segundo, porque meu conhecimento é insuficiente. Não tentarei provar minha tese: em vez disso, farei o melhor possível para torná-la convincente, explorando-a como uma hipótese plausível e observando o que ela revela.

Na política da fé, a função do governo é dirigir e integrar todas as atividades de seus governados; idealmente, nenhum movimento é feito sem a inspiração ou pelo menos aprovação da autoridade governante. Isso pode acontecer em qualquer uma das duas circunstâncias gerais. Pode suceder em uma comunidade onde a função de governar jamais tenha surgido como uma atividade separada e limitada, visto que tais distinções, como aquelas entre o privado e o público, ou entre assuntos religiosos e seculares, nunca foram reconhecidas. Ou pode ocorrer em uma comunidade em que essas e outras distinções semelhantes foram eliminadas pela extensão da competência do governo a uma atividade abrangente. Há, então, o que poderia ser chamado, em um sentido amplo, de uma versão primitiva da política da fé. O controle minucioso característico de uma comunidade primitiva só é possível porque tais comunidades são pequenas e fechadas, porque suas atividades são limitadas em diversidade e relativamente intocadas pelo impulso de aprimorar, e porque as distinções que restringiriam o controle total são incipientes ou nem sequer existem. O poder para operar esse estilo de "governo" é suficiente porque, nessas condições, ele não necessita ser muito grande. É claro que, na falta de um poder adequado para perseverar nesse estilo de política, as atividades dos governados (como percebemos nos tempos modernos) tendem a ser reduzidas àquilo que pode ser controlado, e a noção de perfeição se aproximará de uma condição que parece encontrar-se dentro do poder que o governo plausivelmente pode prover ou está a ponto de prover. Mas tal redução não é exigida em uma comunidade primitiva: não há poder para controlar, e as atividades a serem controladas não são discrepantes, visto que nasceram e cresceram juntas.

Nas condições da Europa moderna, no entanto, a situação é diferente. O imenso poder característico dos governos modernos era notoriamente ausente nos governos da época precedente. Não afirmo simplesmente que, na Idade Média, devido à ausência de poder no governo, era necessário buscar a ordem pública a todo instante, visto que (como afirma Macaulay) "uma insurreição ocorria quase tão facilmente como uma petição hoje em dia". Isso pode ser verdade, embora sua importância seja limitada pelo fato de que nem mesmo a ordem pública dependia do poder depositado no príncipe. Quero dizer que havia uma ausência total do poder e dos recursos necessários para operar aquela minúcia do controle própria da política da fé. As distinções entre assuntos religiosos e seculares tinham sido feitas havia muito tempo (embora, na prática, fossem difíceis de serem observadas), e, ainda que a noção de "público" fosse frágil, a de "privado" era menos frágil, e a ideia de centralizar a direção e a integração das atividades dos súditos estava muito além do horizonte. Minha afirmação, portanto, é de que não era nem a virtude, nem o vício, nem a sabedoria, nem a estupidez que mantinham nossos ancestrais medievais na política da fé; era só a manifesta incompetência dos governos em buscar esse estilo de política que impedia até mesmo essa atividade de entrar em suas mentes. E a imensa, porém gradual, mudança que, acima de tudo, marca o surgimento da Europa moderna a partir da Europa medieval foi o surgimento de governos com poder e recursos suficientes para fazer esse estilo de política parecer uma possibilidade e inspirá-lo.

No fim dos séculos XV e XVI, governos de toda a Europa estavam adquirindo em vários níveis o poder de controlar as atividades e os destinos de seus súditos de uma forma como seus antecessores nunca haviam feito; na verdade, um poder superior ao que desfrutara qualquer governo anterior, exceto os "governos" (raramente caracterizados como tais) de comunidades muito menores e menos diversificadas. Esse aumento de poder foi gerado por inúmeras pequenas mudanças, cada uma delas pouco significativa em si mesma, o que pode ser analisado tendo em mente dois aspectos gerais. Em primeiro lugar, representava um conjunto, concentrado nas mãos do monarca e de seus associados no governo, de todos os poderes de controle e integração que até então tinham sido exercidos, com distintos graus de independência, por grande número de diferentes autoridades, algumas delas pessoais e específicas e outras impessoais e costumeiras. Em segundo lugar, representava a participação do governo em uma porção desse grande aumento da capacidade técnica de controlar os homens e as coisas que eram características da época.

O processo de centralização dos poderes governamentais, até então difusos, tem sido reconhecido (mas nem sempre interpretado corretamente) como uma das mais importantes modificações da vida e do pensamento medievais que contribuíram para o surgimento da Europa moderna. Em diferentes graus e ritmos de progresso, esse processo ocorreu em toda a Europa, mas em nenhum lugar de forma mais rápida ou definitiva que na Inglaterra, onde encontrou menos obstáculos. A dissolução de poderes concorrentes, o desmembramento da ordem social hierárquica, que anteriormente tinha sido a principal força de integração, o domínio político da Igreja, o desenvolvimento de uma administração local sob a mão e a direção do Conselho do Rei e seus subsidiários e (o que é emblemático de toda a mudança) o surgimento incontestável de uma autoridade "pública" com um *status* especial próprio – por causa de todas essas coisas, antes do fim do século XVI já havia surgido um único poder central que exercia a totalidade da autoridade usualmente compreendida como própria do governo. Essa totalidade foi bastante aumentada pelo mero processo de seu estabelecimento – um monopólio que, em toda parte, foi adicionando para si os poderes que incorporava. Tudo isso tem sido apontado pelos historiadores como a origem do grande aumento da ordem pública nessas comunidades políticas, e por esse motivo atraía os súditos – em especial a crescente classe de pequenos proprietários de terras e comerciantes. Caso a centralização se aproximasse da autocracia, isso era, dentro de certos limites, o preço que estavam dispostos a pagar por uma mercadoria até então escassa: a ordem. E mais: reconheceu-se que foi essa concentração de poder nas mãos do governo que tornou possível o sucesso de todas as revoluções políticas bem-sucedidas nos últimos tempos, nenhuma das quais modificou o padrão de governo que começou a ser traçado no início do século XVI, enquanto muitas delas o aperfeiçoaram consideravelmente.[2] Mas o que é significativo para nós não é o aprimoramento da ordem pública, e sim a forma como possibilitou (e de fato inspirou) o governo minucioso. Pois havia um governo que não era apenas único e indiscutível, mas que podia, com efetividade variável, controlar um número muito maior de atividades dos súditos do que até então qualquer outro poder havia conseguido.

---

[2] A incapacidade de apreciar isso levou à interpretação errônea de que a monarquia Tudor era representada como um hiato na história constitucional inglesa e à má interpretação da história francesa que representou a Revolução Francesa como um rompimento das práticas do século XVII. Esses dois equívocos resultam da atenção exclusiva dada ao estabelecimento da autoridade do governo e de uma negligência quanto à atividade de governar.

A mão incansável e inquisitiva do governo começava a chegar a todos os lugares, habituando-se à noção de que nada deveria estar fora do seu alcance e abrindo a escritores especulativos a perspectiva de um futuro de possibilidades ilimitadas. Desse ponto de vista, acredito que a mais significativa de todas essas mudanças foi o desaparecimento gradual das autoridades intermediárias que permaneciam entre um governo central fraco e os súditos, deixando-os à mercê de um poder que, em sua magnitude, estava se tornando comparável a uma força da natureza. Esse isolamento do indivíduo, como tantas outras coisas na época, não era o esboço de um governo já obstinado pela minuciosidade; foi um deslocamento, uma mudança circunstancial que tornou possível tal governo. Desde o século XVI, muitas vezes foram estabelecidos novos intermediários entre o sujeito solitário e seu governo, mas a política da fé sempre os reconheceu como inadequados aos seus propósitos e, na medida em que esse estilo de política prevaleceu, estes se mantiveram com dificuldade ou simplesmente desapareceram. Assim, em parte por acaso e em parte também como resultado da política[3] (embora nunca de uma política muito previsível), um governo mais preparado para conduzir a política da fé estava emergindo nos primeiros anos do período moderno.

Tampouco os poderes ampliados do governo para controlar e integrar as atividades de seus súditos nos primórdios dos tempos modernos vieram apenas dessa centralização da autoridade: eles surgiram também da participação do governo no vasto aumento da capacidade para controlar homens e coisas que estavam ocorrendo naquela época; de fato, sem essa participação, o processo centralizador teria sido abortado. Pois o poder não é uma abstração; é a capacidade de agir com rapidez, economia, vigor e certeza; essa habilidade não é ela mesma o resultado da centralização. Tudo o que aumenta o

---

[3] Um exemplo de política de longa data que, na Inglaterra, tornou mais fácil atrair o Parlamento para a política da fé era a exigência dos monarcas de que houvesse representantes com plena autoridade para falar por suas localidades.

domínio do homem sobre o mundo, tudo o que torna mais produtivo e econômico o esforço e a energia dos homens, quando apropriado ao governo (e pouco disso não é apto à atividade de governar), torna a política da fé mais viável e, portanto, mais atrativa em minha opinião.

Assim, na época a que estou me referindo, o poder do governo também estava sendo ampliado mediante o uso de técnicas mais eficientes, a maioria das quais já era conhecida em algum outro campo de atividade, como no comércio ou na indústria. De fato, quase todo o aparato por meio do qual os governos em nossos dias são capazes de exercer um controle minucioso sobre as atividades de seus governados – o aparato bancário e contábil, os registros, os livros contábeis, os arquivos, os passaportes, os dossiês e os índices – já estava aguardando para ser utilizado. Sem facilidade de movimento e comunicação, sem um pronto fornecimento de papel e tinta, sem todos aqueles informes e registros que sempre surgem quando papel, tinta e curiosidade humana se unem, sem uma linguagem comum estabelecida, sem uma população alfabetizada, sem meios de identificação eficazes, sem fronteiras demarcadas, sem (em suma) um alto grau de domínio sobre os homens e as coisas, as perspectivas da política da fé são insignificantes; podendo contar com tudo isso, resta pouca coisa para obstruir seu caminho.

Todos esses recursos já estavam à disposição dos governos no século XVI ou se mostravam no horizonte. Os únicos complementos verdadeiramente importantes que apareceram na época moderna foram os subprodutos da eletricidade: a telegrafia (que permitiu que Abdul Hamid[4] massacrasse armênios com uma eficiência incomparável) e o telefone, sem o qual a política da fé teria perdido muito tempo antes metade de seu encanto por carecer da maior parte de seu ímpeto. Não há dúvida de que a administração do império de Felipe II era

---

[4] Abd al-Hamid II (1842-1918), sultão otomano de 1876 a 1909. Conhecido como o "Grande Assassino" por seu papel nos massacres armênios de 1894 a 1896.

incômoda e ineficiente para nossos padrões, mas, comparada com o que podia ser feito um século antes, era uma maravilha de minuciosidade inexorável. Em suma (meu ponto é óbvio), as condições que tornaram possível a política da fé já haviam surgido no século XVI em uma amplitude tão superior em relação ao que existia antes que seria apenas um exagero dizer que haviam aparecido pela primeira vez.[5] O palco está montado e os atores estão reunidos; resta saber qual peça será representada e se os personagens aprenderam seus papéis. O governo dispõe de um poder de controle tamanho que, em comparação a ele, todas as representações anteriores parecem embustes; resta considerar qual modificação no entendimento da função do governo foi induzida pela posse e o exercício desse poder.

O espetáculo do governo com tanto poder à sua disposição, juntamente com o prognóstico do que ocorreria caso empregasse todas as técnicas desenvolvidas (à medida que vão surgindo) para controlar e dirigir as atividades dos homens e promovesse o aprimoramento de tais técnicas, provocou diversas reações. Foi recebido com um aplauso entusiasmado como o alvorecer de uma era de felicidade até então desconhecida, e também foi observado com apreensão. Dessas reações contrárias, surgiram a política da fé e a política do ceticismo em suas formas modernas. Estamos ocupados agora com a resposta do otimismo; devemos considerá-lo primeiro não porque fosse o mais visionário, mas porque sua voz era a mais elevada e poucos estiveram a salvo da energia de sua expressão.[6]

---

[5] Os escritos de Fulke Greville, primeiro lorde Brooke (1554-1628), são notáveis por muitos pontos de vista, mas em especial porque revelam um homem que está muito impressionado com o *poder* à disposição do governo. Ele reconhece esse poder como "incansável", "empreendedor", porém sua atitude em relação a ele é ambivalente: é animado por suas potencialidades para o "bem público" e, ao mesmo tempo, é temeroso quanto à disparidade entre a sabedoria humana e o poder investido no governo.

[6] Havia, evidentemente, outras reações à situação que diziam respeito a questões de detalhe. Por exemplo, questões relativas ao estabelecimento da

Os partidários do poder, naqueles dias, eram muitos; em suas mãos, uma nova compreensão da função do governo tomou forma de maneira gradual. Todos eles estavam fascinados pelo espetáculo e pela promessa que se revelavam; com diferentes graus de perspicácia (e com motivações que variavam de um sincero autointeresse até o impulso, não tão sincero assim, de "salvar" a humanidade), exploravam e extraíam o que reconheciam como as potencialidades de seu tempo. De fato, havia tantos deles que seria injusto escolher apenas um como o símbolo dessa reação. Havia, porém, alguém que (no que diz respeito à Inglaterra) representava essa atitude de maneira tão completa e irrestrita que (na medida em que a Europa em geral deveria estar preocupada) fez mais para promovê-la que qualquer outro homem, e que seguramente podemos considerá-lo, nesse sentido, o espelho de sua época e o principal arquiteto da política da fé: Francis Bacon.

É claro que, antes de Bacon, houve muitos que compreenderam a atividade de governar como o exercício do poder: Maquiavel, por

---

autoridade do poder político, e as razões e os limites da obediência ao governo assumem uma importância muito maior a cada ampliação do poder do governo. Quem não consideraria essas questões "acadêmicas", perguntas para passar uma noite discutindo mas que perdiam sua pertinência com o retorno da atividade diurna, se o poder exercido e as demandas formuladas fossem pequenas e raramente sentidas? E mesmo que as demandas fossem grandes – se incluíssem uma demanda para atender a uma emergência arriscando a vida de alguém em defesa do próprio país –, mesmo essa circunstância não seria tão eficaz para dotar de importância prática tais questões como demandas menores, porém mais numerosas e incômodas, que são sentidas todos os dias e a cada hora, demandas das quais nem mesmo a intimidade da cama pode escapar. A crescente importância dessas questões nos tempos modernos é uma observação sobre a energia da política da fé: teria a "objeção de consciência" alguma relevância fora desse estilo de política? Essas questões eram muito importantes no século XVI porque as exigências do governo em relação à religião eram inquisitivas e minuciosas; seguiram sendo importantes porque, na medida em que a política da fé era praticada, tais exigências tornaram-se cada vez mais curiosas e minuciosas em relação a todos os tipos de atividade humana.

exemplo. Mas nenhuma das ideias características da política da fé apareceu nas páginas de Maquiavel. Ele entende a atividade de governar como o exercício do poder para manter a ordem e assegurar a continuidade de uma comunidade política; não há nenhuma insinuação a respeito de uma autoridade minuciosa e vigilante, engajada na direção incansável de todas as atividades dos governados; não há indício algum (na verdade, muito pelo contrário) de uma condição mundana da perfeição humana a ser promovida ou imposta dessa maneira. Ele é um cético que vê o governante não como o patrono da perfeição, mas como uma defesa contra o caos e mesmo contra a extinção. Maquiavel mantém-se cuidadosamente na extremidade inferior do conjunto de significados que o vocabulário político estava começando a oferecer. Além disso, é de duvidar se o poder político com o qual ele estava familiarizado era suficientemente grande para sugerir a possibilidade do controle e integração de todas as atividades dos governados. Com Francis Bacon, no entanto, estamos em um mundo diferente: uma imensa visão do aprimoramento humano está diante de nós, e o governo (usando e promovendo a extensão de cada insinuação do poder para controlar e dominar homens e coisas) é o agente principal na busca da perfeição. De fato, não há nenhuma mudança ou inclinação na história subsequente da política da fé (exceto alguns de seus exageros mais grosseiros) que Bacon não tenha esboçado em seus escritos.

Os detalhes são complexos e devemos deixá-los de lado. O primeiro princípio da política da fé é a visão de que a atividade humana consiste na busca da perfeição, e o leitor cuidadoso dos escritos de Bacon pode duvidar se é possível encontrar neles alguma coisa tão precisa como isso. Poderia concluir que Bacon está preocupado com o aprimoramento em vez da perfeição; mas ele também pode concluir que Macaulay estava indo longe demais ao dizer que "tornar o homem perfeito não fazia parte do plano de Bacon. Seu modesto objetivo era trazer mais conforto ao homem imperfeito". É verdade (e também apropriado para muitas versões da política da fé) que Bacon nunca deixa a impressão de esperar uma transformação do caráter dos homens, mas que há uma condição mundana a ser buscada ou imposta, a qual ele não considera como um direito inato da humanidade, mas como a restauração daquilo que os homens perderam com a Queda (embora talvez não por causa dela). Essa condição somente pode ser alcançada mediante o esforço humano; pode ser descrita como uma condição na qual a humanidade tem o poder para explorar e está explorando plenamente, para seu próprio benefício, todos os recursos do mundo; uma condição em que os homens desfrutam do máximo "bem-estar" que o mundo permite. Bacon quase não considera a possibilidade de que o clímax possa ser alcançado, que uma nova era de ouro apareça; sua mente avança para a noção de uma busca interminável em que cada estágio possui suas recompensas. Mas não podemos, por isso, absolver Bacon do "perfeccionismo"; o caminho é escolhido por causa de sua primazia única. Portanto, não se está cometendo uma injustiça ao reconhecer que Bacon considera tal busca uma redenção da humanidade na história. Sua mensagem era a de que, quando toda a potência dos esforços humanos é metodicamente organizada para se opor à Queda, a imperfeição da condição humana irá, na maior parte, desaparecer; essa é a tarefa adequada da humanidade. No fim do século XVI, era preciso escolher entre duas teorias a respeito da condição do mundo: que as coisas estavam piorando ou melhorando, que o mundo estava velho e desgastado ou era jovem e vigoroso; e que opor-se à teoria do progresso equivalia a fortalecer a teoria da decadência.[7] Por seu temperamento, Bacon não estava disposto a entrar em opiniões especulativas, alinhando-se com os otimistas nessa questão, em grande parte porque acreditava que as condições da vida humana

---

[7] A escolha foi apresentada novamente no início do século XIX nos escritos de Chateaubriand, Maistre e Bonald. Felizmente, não somos obrigados a fazer tal escolha racionalista; a decadência e o progresso gerais são igualmente dignos de suspeita.

poderiam ser amplamente melhoradas mediante o esforço humano e porque suspeitava (como Hakewill)[8] que a teoria geral da decadência "atrofia as esperanças e mitiga o ímpeto dos esforços dos homens", e era provável que retirasse desses esforços grande parte de sua energia e desviasse a humanidade de sua própria finalidade.[9]

Creio que seja prudente não prestar muita atenção à insatisfação que Bacon muitas vezes expressava a respeito da forma como as coisas estavam indo em seu tempo; na verdade, ele não nasceu no "*le sein de la nuit la plus profonde*",[10] e foi assinalado na época que ele exagerava a indiferença e ignorância de seus contemporâneos. É verdade que as ocupações básicas da humanidade ainda eram disciplinadas pelo artesanato e pelo folclore, mas as insinuações de mudança eram visíveis a todos. Além disso, Bacon participou dessa grande e agitada onda de curiosidade sobre o mundo, a qual distinguiu sua época e proveu a energia que ele queria canalizar. Mas a mudança que ele

---

[8] George Hakewill (1578-1649), autor de *An Apologie or Declaration of the Power and Providence of God in the Government of the World: Consisting of an Examination and Censure of the Common Errour Touching Natures Perpetual and Universal Decay...*, primeira edição, 1627; terceira edição revisada, 1635. Uma obra influente que se opõe, como fizera Bacon, à visão de que a natureza e os seres humanos devem decair.

[9] Bacon, *Works* IV, p. 90.

[10] Essa citação refere-se a uma passagem do Discurso Preliminar dos Editores da *Encyclopédie* (1751), em que Jean d'Alembert afirma que Bacon nascera "no seio da noite mais profunda", considerando-o o maior, o mais universal e o mais eloquente dos filósofos, e comparando a importância de sua obra aos escritos de Hipócrates na medicina. A *noite mais profunda* é uma alusão ao legado medieval, período supostamente marcado por superstição, ignorância e tirania. Bacon nascera no auge dessa "noite", mas sua obra representaria "a luz", ou seja, a supremacia da *razão* como a única fonte de conhecimento válida para se alcançar o progresso e a perfeição da humanidade. As referências de Diderot e D'Alembert ao longo da *Encyclopédie* não deixam dúvidas sobre a influência de Bacon na concepção desse projeto. Oakeshott, por sua vez, ao contestar que "Bacon não nasceu no seio da noite mais profunda", ironiza a pretensão iluminista de simplesmente rejeitar o passado, abraçando unicamente um projeto esboçado com base na razão abstrata. (N. T.)

deu à aprendizagem foi importante, ainda que também ele estivesse tirando proveito de uma herança não conhecida. De forma sucinta, pode ser considerado um giro utilitarista, mas não estritamente utilitário. Como ele observou, o conhecimento poderia fornecer poder, e a busca organizada do conhecimento poderia prover o poder de forma mais rápida e em grande quantidade: ele estava interessado no poder, imaginando-o como o domínio do mundo para benefício da humanidade. Bacon, portanto, era inspirado pela possibilidade de vastos acessos ao conhecimento acompanhados de um correspondente aumento do domínio. E o que ele transmitiu para sua própria geração e para as seguintes, em primeiro lugar, foi um entusiasmo com essa perspectiva; em segundo lugar, uma fé de que ela não era inalcançável por culpa de qualquer defeito radical da natureza humana; em terceiro, uma confiança de que a diligência seria recompensada; quarto, um método (ou pelo menos um esboço de método) mediante o qual essa iniciativa seria alcançada: as características mais valiosas desse método eram sua certeza e sua facilidade. De fato, as gerações posteriores herdaram de Bacon uma certeza quase mágica de que não apenas obteriam o conhecimento e em seguida o poder, mas também de que se encontravam no caminho mais adequado aos seres humanos. O esforço era, sem dúvida, necessário, mas o jugo era suave e o fardo era leve. Se existe uma modéstia genuína (como de fato há) nas esperanças de Bacon na humanidade, há também um pelagianismo supremamente confiante: uma fé na redenção da humanidade na história e pelo esforço humano.

Mas a isso se soma algo mais. Bacon foi inspirado pela capacidade da humanidade de alcançar seu próprio "bem-estar"; na verdade, pode-se supor que sua crença de que a busca do "bem-estar" era a única atividade louvável para a humanidade provinha da correspondência que ele observou entre a capacidade humana e o alcance do "bem-estar". Mas ele também foi inspirado pelo poder que via à disposição do governo. E não esconde sua crença de que a função do governo é ser o principal patrocinador da perfeição e o *primum mobile* na iniciativa da salvação mundana. "Bem-estar" é, em si, o domínio sobre os recursos do mundo; mas sua busca também requer poder, domínio sobre a atividade dos homens para colocá-la nesse caminho e mantê-la nele com o máximo proveito do esforço humano. Com qualquer interpretação, seria necessário um grande poder para dirigir essa iniciativa; mas seria necessário um poder ainda maior quando a "perfeição" fosse compreendida (como Bacon a compreendia) como a busca incessante do domínio dos recursos do mundo, o qual nunca é completo, ou quando se imagina (como a utopia convencional) como uma condição estabelecida para a imposição de algo para o qual apenas uma quantidade determinada de poder seria necessária, o que não é fácil de estimar no início. O governo, portanto, em virtude de seu poder, deve dirigir a iniciativa da salvação; em consequência, mais poder, na verdade um poder ilimitado, deve ser oferecido a ele.

Bacon não ignorou algumas das dificuldades circunstanciais dessa posição, mas ele falava com confiança. A autoridade para governar (estabelecida por seu poder e intenção de conferir "bem-estar" antes que qualquer outorga mais formal, como o direito divino ou o consentimento popular) aparece nesses escritos quase como algo externo à sociedade, regulando-a de fora; o ato de governar consiste no controle minucioso de todas as atividades dos governados – um controle destinado a converter essas atividades na busca do "bem-estar". É a arte de "estabelecer a condição do mundo". Sua tarefa é supervisionar a indústria e o comércio, aprimorar a agricultura, erradicar a ociosidade e o desperdício, regular os preços e o consumo, distribuir riqueza, prover a aprendizagem, estabelecer a religião (para que não interfira na busca pela salvação mundana) e, é claro, preservar a ordem e protegê-la contra o inimigo estrangeiro – de fato, tudo isso e um pouco mais já estava presente ou insinuado no governo elisabetano. Bacon tinha uma prudência inata; se por um lado censurava a formulação excessivamente prematura e peremptória das teorias científicas gerais e no governo (a busca do "bem-estar") tivesse defendido uma experiência cautelosa antes que qualquer grande projeto novo fosse realizado, por outro lado ele não tinha dúvida de que o governo deveria conduzir a humanidade na recuperação daquele "direito sobre a natureza que lhe pertence pelo legado divino". Raramente demonstrava arrogância em seus escritos, e é de esperar que vestígios de um estilo mais cético de política possam eventualmente aparecer. No entanto, sua obra transmite a certeza de que pelo menos a direção que ele aponta é correta e que não há alternativa razoável. Ele também revela em detalhes muitas das características secundárias da política da fé: uma ausência de escrúpulos, uma suspeita de que a formalidade no governo e a insistência na letra da lei dificultarão a empreitada, uma antipatia pela intromissão de amadores no governo, uma preferência pela prevenção a punição, nenhuma aversão à legislação retroativa, bem como um interesse predominante no futuro.

Em suma (e essa é a única inferência que desejo elaborar neste momento), os escritos de Francis Bacon fornecem evidências de que, mesmo antes do fim do século XVI, o governo havia adquirido o poder necessário para buscar a política da fé (e, de fato, tinha tomado esse caminho), e os princípios desse estilo de política estavam começando a ser compreendidos: tanto o estilo como sua compreensão haviam surgido de maneira incontestável. Quando o poder existe, o governo minucioso pode ser empreendido e defendido por uma variedade de motivos. O que chamei de política da fé está presente apenas quando se entende o governo em termos de busca pela "perfeição", e é dessa maneira que ele é visto nos escritos de Francis Bacon.

II

A política da fé (esse empreendimento da direção minuciosa, por parte do governo, de todas as atividades do indivíduo a serviço da perfeição, em que "perfeição" é entendida não como um tipo de caráter humano, mas como uma condição das circunstâncias humanas) é claramente capaz de certa diversidade interna: geralmente há mais de um idioma da "perfeição" que se oferece para a busca. De fato, há potencialmente tantas versões da política da fé como interpretações do significado da "perfeição".

Sem dúvida, o caráter e a extensão do controle exercido serão proporcionais ao poder disponível, mas (a menos que intervenham obstáculos especiais) é de esperar que sejam sempre tão minuciosos e amplos como o poder o permita. Um governo desse estilo que não se encontre sempre dentro do limite de suas potencialidades seria uma enormidade psicológica e moral: economizar o poder seria economizar a perfeição, uma pretensão que não se distingue da loucura. Mas também se deve esperar que o poder disponível seja pelo menos uma das condições da perfeição que se busca. Na verdade, poderia ocorrer que a "perfeição" seja definida pela classe e pela extensão do poder disponível, de forma a quase eliminar qualquer outra consideração. Quando isso ocorre, os homens, por simples autoengano, acabam se convencendo não de que "devem" porque "estão obrigados" (uma aberração perdoável), mas de que "devem" porque "podem".[11]

---

[11] Esse é o anverso do que Locke (um homem pouco inclinado à observação cínica) assinalou: "Vale a pena observar e lamentar que os mais apaixonados desses defensores da verdade, opositores dos erros, intolerantes para com os cismas, jamais manifestam tal zelo por Deus, que tanto os conforta e inflama, exceto quando têm a seu lado o magistrado civil. Mas, tão logo o favor da corte os coloca na melhor posição, e começam a se sentir os mais fortes, imediatamente a paz e a caridade cristãs são abandonadas. Em outras circunstâncias, são observadas religiosamente. Quando não possuem poder para perseguir e converter-se em amos, desejam viver em termos justos e pregam a tolerância. Quando não estão fortalecidos pelo poder civil, podem suportar com grande paciência e indiferença o contágio da idolatria, da superstição e da heresia em sua vizinhança; em outras situações, os interesses da religião os colocariam em grande apreensão". *A Letter Concerning Toleration* (Gough), p. 134.

Contudo, em geral, a perfeição que se busca está determinada por um contexto mais amplo que a mera consideração do poder: o hábito, uma direção da atenção aplicada durante longo tempo, ou alguma promessa especialmente atrativa, para não mencionar estímulos menores ou temporais, intervém na determinação do caráter da "perfeição" a ser buscada.

Nos tempos modernos, a política da fé explorou duas linguagens principais: uma versão religiosa e o que poderíamos chamar, de modo geral, uma versão econômica. Na versão religiosa, os poderes do governo são empregados (e sem dúvida isso é entendido como algo adequado) para impor aos súditos um padrão de atividade tão absoluto e exclusivo a ponto de não deixar espaço para outras coisas, e que se considera "perfeito" no sentido de ser correto. O que compreendo como a versão econômica, ela mesma suscetível de certa variedade interna, é, em termos gerais, aquela da qual Francis Bacon é profeta, como vimos anteriormente.

Pois bem, a primeira coisa que devemos observar na versão religiosa é que ela somente se torna inteligível no contexto da história moderna. Às vezes, supõe-se que seja uma ideia peculiarmente medieval que sobreviveu ao mundo moderno, tendo em vista que, no século XVI, a autoridade civil assumiu, junto com outras aquisições, poderes que antes haviam sido exercidos pela Igreja. Penso, no entanto, que se trata de um mal-entendido. É verdade que a autoridade civil se apropriou de poderes que antes haviam pertencido a dependências ou tribunais eclesiásticos; contudo, se algo é inconfundivelmente estranho às formas de pensamento medievais (para não mencionar que estava muito além do poder disponível durante a Idade Média), é a noção de governo, laico ou eclesiástico, que impõe aos súditos um padrão único de atividade que se acredita ser correto. De fato, tal padrão aparece na Europa somente quando os modos tradicionais de comportamento e a variedade tradicional de vocações e atividades são negligenciados, ou postos de lado, em favor de um modelo de conduta que se acredita ter fundamento na Bíblia. Sem dúvida, há ensinamentos medievais sobre como os homens devem se comportar em todos os tipos de circunstância, mas não havia um único modelo abrangente de conduta correta que o governo devesse aplicar; além disso, as aberrações do modelo aceito eram punidas, até mesmo pela Igreja, não como erros detestáveis, mas como uma dissidência perigosa para a ordem.[12] Em suma, essa versão religiosa da política da fé só se torna inteligível em um mundo modificado pelo protestantismo.

A Europa do século XVII forneceu muitos exemplos dessa versão da política da fé, e entre os mais reveladores se encontram os da história da política puritana inglesa. Acredito que toda situação histórica na política moderna, todo movimento político concreto significativo, toda causa ou todo partido, contém em si elementos de ambos os estilos correntes de política. Talvez seja possível, mas ainda assim é raro, encontrar uma pessoa ligada exclusivamente a um ou outro estilo; mas, como regra geral, a fé é uma esposa, o ceticismo é uma amante; e se verá que a amante do ceticismo é também uma amiga da fé. Pois, como sugeri, esses estilos são tendências em direção a extremos; somente os extremos, de maneira isolada, são genuinamente excludentes entre si e raramente se misturam. Não é de esperar, portanto, que um movimento tão abrangente como a política do puritanismo inglês revele uma lealdade exclusiva a um desses estilos, ou que uma eventual lealdade deva estar confinada a um único idioma. Não obstante, os exemplos mais claros que conheço da versão religiosa da política da fé estão na história da política puritana: ela aparece inequivocamente na política do partido presbiteriano e na política das várias seitas milenaristas.

A política do puritanismo inglês surgiu, inicialmente, como uma política de oposição; opunha-se ao governo no poder e, em

---

[12] Acton, "The Protestant Theory of Persecution". In: *The History of Freedom*. Ed. e introd. por J. N. Figgis e Laurence Vere. London, Macmillan, 1907, p. 150-87.

particular, a seu estabelecimento eclesiástico. A oposição era formulada com base em dois pontos de vista distintos: de um lado, todo acordo geral que impusesse um sistema uniforme deveria ser contestado; de outro, embora um sistema uniforme fosse desejável, este, em particular, era considerado errôneo. O primeiro é a oposição do ceticismo, representada, entre os puritanos, pelos brownistas, congregacionalistas e independentes. O segundo é a oposição da fé, representada pelos presbiterianos, que desejavam impor não apenas uma ordem eclesiástica própria, que acreditavam estar de acordo com a religião "verdadeira", mas também impor ao governo um único padrão abrangente de atividades a todos os indivíduos, sem exceção, que eles acreditavam ser a conduta correta. Ou seja, eles se opunham a todas as crenças religiosas distintas da sua, não porque pensavam que a variedade de crenças pudesse causar desordem,[13] mas porque todas eram identificadas com o "erro". Obviamente, a questão constitucional, a questão do estabelecimento da autoridade do governo, era secundária – apenas um meio de estabelecer um governo onicompetente unido à busca da retidão.

Os membros da Quinta Monarquia[14] e de outras seitas milenaristas exibem a versão religiosa da política da fé em uma forma extrema. Para eles, a atividade de governar era precisamente a atividade da graça que se impõe à natureza para suscitar um estado de coisas identificado com a "Salvação". Trata-se de uma condição mundana

---

[13] Esse era o argumento e o ponto de vista de Hobbes.

[14] A Quinta Monarquia foi uma seita milenarista que atuou ativamente em Londres de 1649 a 1661. Sua designação deriva das profecias dos Livros de Daniel e do Apocalipse, segundo as quais a queda das quatro grandes monarquias (babilônica, persa, macedônica e romana) precederia a vinda de uma quinta e última monarquia, governada diretamente por Jesus Cristo, que duraria mil anos antes do Juízo Final. Seus membros propunham reformas radicais na sociedade da época, com a esperança de que tais mudanças facilitariam a Segunda Vinda de Cristo. Entre seus principais nomes, estão Thomas Harrison, John Rogers e Thomas Venner. (N. T.)

que, exceto, talvez, por sua conexão com a crença na iminente Segunda Vinda de Cristo, não escapa ao "pelagianismo" característico do projeto baconiano e de todas as demais versões da política da fé no mundo moderno. O objetivo desses homens era estabelecer, por intermédio do governo, uma "comunidade sagrada" na qual a única distinção significativa fosse entre os santos (que deveriam governar) e os impenitentes (que deveriam ser governados). Ademais, esse projeto não era uma utopia remota, distante das circunstâncias da época. Surgiu, como acredito que surgem todas as versões da política da fé, de uma noção de poder: esses homens acreditavam que Deus, providencialmente, pusera nas mãos do exército parlamentar o poder necessário para instaurar o reino da retidão. E, como era de esperar, exibiam todas as disposições daqueles que abraçam a política da fé: a formalidade no governo dá lugar ao ativismo regido apenas pela posse do poder e pelo zelo pela retidão; não se permite que nenhum escrúpulo obstaculize a imposição do padrão da perfeição; a prevenção é preferível ao castigo; e nenhum poder é considerado excessivo para a busca da retidão.

Entre os puritanos, havia, sem dúvida, outros partidos que miravam na direção da fé, assim como havia partidos e pessoas que defendiam o estilo cético da política, e muitos que, como Cromwell e Ireton, mostravam a marca dos dois estilos. Mas o que é interessante, e o que nos leva da versão religiosa da política da fé até aquilo que denominei de versão econômica, é que mesmo os aspectos mais inconfundíveis da versão religiosa foram restringidos pela intrusão da versão econômica, que veio a suceder, de maneira rápida, a todas as demais no mundo moderno. Essa aliança entre as duas interpretações da "perfeição" na política puritana pode ser traçada em detalhes; os grandes escritores puritanos, para não mencionar a legião dos menos eloquentes, são indelevelmente baconianos. Mas isso parecerá paradoxal apenas para aqueles que esquecem o grande terreno comum ocupado por todas as versões da política da fé: a linguagem particular é sempre menos significativa que o entendimento comum da atividade de governar como a imposição de um estado mundano de coisas designado como "perfeição".

No que chamei de versão econômica da política da fé, os poderes do governo são empregados (e se entende que sejam empregados de maneira correta) na direção e na integração de todas as atividades dos indivíduos, de modo que convirjam na busca de uma condição das circunstâncias humanas denotada por expressões como "bem-estar" ou "prosperidade" e representada como o tipo adequado de "perfeição" a ser buscado pela humanidade. Aqui, precisamos fazer uma distinção. A prática de todos os governos europeus no século XVII consistia em impor, mediante regulações com diversos níveis de minuciosidade, um padrão a todas as atividades dos governados: de um modo ou de outro, todas as comunidades europeias eram comunidades reguladas, e o regulador era o governo central e seus servidores. Essa regulação, a fonte do poder, algo totalmente diferente de tudo que se viu na Idade Média, normalmente se estendia até onde o poder permitia; e o que, de maneira geral, pode ser chamado de esfera econômica é conhecido pelos historiadores como mercantilismo. Tratava-se, naturalmente, de uma contrapartida da uniformidade religiosa imposta ou tentada pela maioria desses governos. Mas o mercantilismo pode ser interpretado como uma versão da política da fé somente se o governo, ao impor um estado de coisas, o fizer porque isso é considerado "perfeito" ou porque produza "perfeição" – o que, certamente, não ocorria sempre no século XVII. As práticas do mercantilismo, ou muitas delas, podem ser – e, de fato, muitas vezes eram – compreendidas não como a integração das atividades com o propósito de alcançar um modo de vida "perfeito" ou pelo menos melhorado, mas (por exemplo) meramente como elementos inevitáveis em uma política determinada por considerações de defesa nacional: eram até mesmo reconhecidas como custos no balanço do "bem-estar". E, quando assim são entendidas (relacionadas a uma iniciativa limitada e sujeitas, portanto, a um limite), pertencem, sem dúvida, à política do ceticismo e não da fé: não fazem parte da intenção de "estabelecer o céu sobre a terra".[15] Mas também não há dúvida de que, mesmo no início do século XVII, essas práticas começavam a ser entendidas como as apropriadas para um governo que tinha o poder e o dever de organizar todas as atividades dos indivíduos a fim de estabelecer um estado de coisas desejadas por causa de sua "perfeição". E, sem dúvida, essa é a compreensão que aparece nos escritos de Francis Bacon. Nessa versão da política da fé, portanto, o padrão de atividade a ser imposto pode ser chamado de "produtivista": o governo é a organização e a direção de uma sociedade "produtivista".

A versão "produtivista" da política da fé surgiu, primeiramente, no século XVI. Foi fomentada por muitas circunstâncias, exibindo as características de todas as ambições e de todos os valores morais correntes, incluindo a admiração contemporânea pela diligência, a suspeita do ócio e o horror da inatividade. No início, foram feitas previsões não apenas das condições envolvidas ou do poder necessário, mas também dos benefícios que adviriam da continuidade desse projeto – isto é, faziam-se previsões do caráter detalhado da condição da vida humana a ser estabelecida.[16] Mas, do nosso ponto de vista, o que é significativo não são os benefícios a serem usufruídos (o detalhe da "perfeição"), mas a crença de que a máxima exploração dos recursos do mundo deveria integrar todas as atividades, sendo, portanto, adequada para ser inspirada ou controlada pela única autoridade que tem o poder necessário de direção total, ou seja, o governo. Pois é essa crença, a fé de que uma comunidade "produtivista" é a única em que se pode alcançar a perfeição humana (e não apenas a busca, entre

---

[15] Esse é o entendimento, por exemplo, de Bodin e Mun.

[16] À parte as diversas utopias do século XVII, de que são bons exemplos a *New Atlantis* de Bacon e o esboço de Burton que aparece no prefácio de *Anatomy of Melancholy*, havia previsões mais concretas, como a de E. Chamberlagne, *England's Wants* (1667).

outras coisas, de um padrão de vida mais elevado), que constitui uma versão da política da fé. E essa crença se expressa nos significados amplos (em oposição aos limitados) das palavras em nosso vocabulário político. "Segurança" significa, primeiramente, "bem-estar" e, depois, "salvação"; "trabalho" converte-se, primeiro, em um direito e, depois, em um dever; "traição" é reconhecida como infidelidade a um credo moral ou religioso; e todo mínimo converte-se em um máximo até que a "liberdade de viver sem miséria" e o desfrute da felicidade sejam proclamados como "direitos". Assim como Beza[17] considerava obrigação do governo suprimir a dissidência religiosa, não como perigo para a ordem, mas como *erro*, também o produtivismo considera dever do governo suprimir, como *erro*, toda oposição ao seu projeto.

Ademais, embora o esboço geral do padrão de atividade a ser imposto ao indivíduo nesse estilo de política fosse visível e aplicado desde cedo, sem desperdício de tempo, os detalhes (tanto da atividade que se exigia do governo quanto do tipo de benefício a ser usufruído pelos governados) surgiram lentamente. E, nas contingências desse estilo, não há capítulo mais importante que aquele que narra o curso dessa iniciativa nos escritos de seus protagonistas do século XVIII – os *philosophes*.

Os integrantes desse notável grupo de escritores, que incluía muitos dos mais destacados intelectos da época em todos os países da Europa, às vezes são lembrados como os criadores de teorias que sustentam essa versão da política da fé. No entanto, o papel que desempenharam foi o de formular, de maneira apropriada ao clima intelectual de sua época, todas as práticas e projetos que seus predecessores, nesse estilo de política, tinham dolorosamente forjado. Em seus escritos, o

---

[17] Theodore Beza (1519-1605) foi um teólogo nascido em Genebra que desempenhou importante papel na Reforma Protestante. Considerado um dos principais discípulos de Calvino, é conhecido por sua obra *Du Droit des Magistrats sur Leurs Sujets* (1574), em que defende o direito dos huguenotes de resistir à tirania. (N. T.)

que havia permanecido obscuro tornou-se claro; o que era apenas uma tentativa até então tornou-se certo; o que era emergente finalmente surgiu. Os materiais sobre os quais trabalhavam não eram apenas os escritos de seus antecessores (e, aqui, destacavam-se Francis Bacon e Locke), mas também as práticas de governo que haviam sido elaboradas durante o século XVII: as técnicas de vigilância e controle que já haviam dotado os governos com um poder extraordinário. Na França, como precursores de uma revolução que daria o nome de "liberdade" a um estilo de governo considerado, até o momento, como escravidão, não perderam nada de sua herança. Onde Bacon havia deplorado uma escuridão contemporânea, deleitavam-se em uma iluminação contemporânea. Em outros lugares, ocorreu o mesmo: ao destruir as antigas superstições, formularam novas. E o que, entre muitas outras coisas, legaram aos seus sucessores foi uma compreensão clara de que a exploração dos recursos do mundo era a atividade apropriada da humanidade, que deveria ser dirigida e integrada pelo governo: uma confiança sublime na propriedade exclusiva de um modo de vida "produtivista". Tais escritores ocupam, sem dúvida, um lugar na história de nossas ideias sobre a composição e a autoridade do governo, mas esse lugar é de pouca importância em comparação com sua contribuição para a elucidação da política da fé. Pois esse estilo de governo não está essencialmente ligado a nenhuma constituição particular nem a ideias particulares acerca da autoridade do governo. Pode haver constituições que são especialmente suscetíveis aos seus encantos e outras que parecem se afastar dela de forma natural; mas, de modo geral, essas aparentes afinidades e aversões são insignificantes.

As contingências posteriores da política da fé, nos séculos XIX e XX, são complexas e cheias de peripécias, revelando exemplos dessa maneira de governar mais esplêndidos que qualquer outro. Foram abertas e exploradas vastas e novas fontes de poder. E a extensão dos benefícios característicos desse estilo de política eliminou, em muitos casos, toda incerteza latente acerca da exploração dos recursos do mundo como a única atividade própria da humanidade. Quatro séculos de fruição e autoengano moralizaram, por fim, a iniciativa produtivista. As grandes guerras de nossa época nos deram uma oportunidade incomparável de realizar experimentos caros com esse estilo de política, e talvez seja somente o custo o que nos impede de levar adiante o último assalto à cidade celestial. Por outro lado, temos de observar, com pesar, que a importância do poder é medida sempre em relação à sua tarefa, e, embora o poder de integração tenha aumentado, o mesmo acontece com a variedade de atividades humanas a ser integradas. A habilidade do lançador é maior, mas também o é a versatilidade do batedor; no final das contas, a situação efetiva a esse respeito talvez não seja tão diferente do que era no início do século XVII – ou seria, caso o método de reduzir as atividades somente àquelas que podem ser integradas não tivesse avançado com tanta rapidez em épocas recentes.

Mas, a despeito de todas essas aventuras novas, a elucidação e a defesa desse estilo de política permanecem onde os grandes protagonistas do século XVIII as deixaram. As táticas melhoraram muito, e os defensores da fé descobriram que era possível dispensar algumas excentricidades obsoletas. Contudo, na grande estratégia, não surgiu nenhum princípio novo dotado de alguma importância intelectual, embora vários tenham se apresentado para nossa consideração. Algumas frases novas foram adicionadas – "engenharia social", "planejamento para a abundância" –, mas sua linguagem ainda é inequivocamente baconiana. E, após quatro séculos e meio de meditação, a conclusão continua sendo que "nosso exame da natureza humana em relação ao bem-estar [...] demonstrou que o homem tem a possibilidade de controlar seu destino de forma quase completa, e que, se ele falhar, será por sua própria ignorância e insensatez":[18] o que não é, afinal de contas, nada mais do que dissera o próprio Bacon.

---

[18] E. L. Thorndike, *Human Nature and the Social Order* (1940), p. 957.

III

Até agora, nada mais fiz que relembrar, em um breve esboço, uma passagem da história da política moderna. Mas, das muitas conclusões a que essa história nos dirige, acredito que três sejam de suma importância.

Em primeiro lugar, a política da fé não é um invento dos últimos cento e cinquenta anos como uma reação contra um período de indiferença e negligência governamentais. Não é uma resposta sábia ou fútil às dificuldades contemporâneas ou do passado recente. É um estilo de fazer política, praticado em mais de um idioma, que é coevo do mundo moderno, e cujo surgimento representa uma das modificações da vida e do pensamento medievais que constituem o mundo moderno. Reduzir sua história é confundir seu caráter e torná-lo muito menos significativo do que realmente é. A crescente preocupação do governo com a "administração da vida do povo" que o Relatório Macmillan de 1931 identifica como "uma mudança de perspectiva do governo deste país nos últimos tempos" é, de fato, um estilo e uma forma de compreender o governo que tem estado conosco por cinco séculos – e que agora devem ser considerados de modo tão irrepreensível como qualquer outro.[19] Considerá-los como fruto da loucura ou da sabedoria de alguns excêntricos ou visionários, como o produto da Revolução Francesa ou Industrial, ou como a fiel consorte de algo chamado "democracia", é uma maneira equivocada de compreendê-los.

Em segundo lugar, a política da fé não deve ser identificada com nenhum movimento político concreto, partido ou causa no mundo

---

[19] O Comitê Macmillan foi criado em 1929. Hugh Pattison Macmillan presidiu uma distinta comissão de economistas que incluía J. M. Keynes (principal autor do relatório), Bevin e outros, encarregada de descobrir se os acordos sobre o sistema bancário e financeiro, tanto internos como internacionais, promoviam ou restringiam o comércio e o emprego na indústria.

moderno. Houve representantes desse estilo de política em todos os campos, em todos os partidos, em todos os movimentos e entre os defensores de todas as causas. Sem dúvida, existem alguns movimentos que parecem segui-la quase à exclusão de tudo mais, como é certamente o caso do que conhecemos como socialismo e comunismo. Mas, na verdade, nenhum movimento político concreto de alguma dimensão significativa no mundo moderno escapou à complexidade nesse sentido. A política da fé não é, nem nunca foi, propriedade exclusiva de algum país europeu ou de algum partido político. Esse estilo é meramente um dos dois polos por entre os quais têm oscilado todos os esforços e as interpretações políticas modernas durante cinco séculos.

Em terceiro lugar, a política da fé não é, nem nunca foi, o único, ou o único significativo, estilo e forma de compreender a política que a história do mundo moderno revela. Vários escritores, dentre eles alguns dos mais influentes, ficaram bastante impressionados com a glória ou a enormidade desse estilo de política que ocupa todo o campo de sua atenção: para eles, o curso da política moderna, particularmente durante os últimos cento e cinquenta anos, nada mais é que a história das contingências dessa política. Alguns cometem esse erro por desespero: a nuvem da fé tem estado sobre nós durante tanto tempo que, segundo eles, tem preenchido todo o céu e obscurecido toda a Terra. Outros o fazem por otimismo: ver a história da política moderna como o triunfo gradual daquilo que consideram bom adiciona prazer à aprovação e ao deleite de sua convicção. Para outros, não é um erro em absoluto, mas uma dissimulação: suprimir tudo na história da política moderna, exceto as contingências da política da fé, é uma etapa preliminar para a supressão de tudo no mundo contemporâneo, salvo esse estilo de política. "Sabemos a direção na qual o mundo está se movendo e devemos nos curvar a ela ou perecer": esse é o dilema falso que esses escritores colocam sobre nós. Mas, embora a infecção tenha origem em diversas fontes, a profilaxia é a mesma em cada caso. Consiste em um estudo mais completo e mais sincero da história da política moderna. Pois isso revelará de imediato, em nossa política, certas tensões distintas das da fé, eliminando essa teoria equivocada ou falsa de uma direção única. Mesmo o historiador mais ignorante sabe que a forma mais segura de interpretar equivocadamente o curso dos acontecimentos consiste em selecionar algum aspecto do passado, interpretando tal curso como se convergisse para aquele objetivo: um único experimento nesse sentido demonstraria, de forma conclusiva, quanto do que efetivamente ocorreu foi descartado, caprichosamente, da história para alcançar esse resultado. E está claro que ocorre uma simplificação não menos enganosa quando o curso dos acontecimentos é interpretado como se convergisse para algum aspecto do mundo contemporâneo (por exemplo, a atual popularidade da política da fé), selecionado como sendo seu objetivo único. Em resumo, não sabemos "a direção na qual o mundo está se movendo", não porque nos faltam provas que possam revelar essa direção, mas porque a noção de que tal direção exista depende de uma distinção entre resultados legítimos e ilegítimos, algo estranho ao estudo histórico. Somente é possível encontrar na história uma única linha homogênea de desenvolvimento se a história for concebida como um boneco com o qual se pratica o ventriloquismo.

Capítulo 4 | As Contingências do Ceticismo

I

A política da fé, tal como a descrevo, é uma criação dos tempos modernos. Suas versões têm sido distintas, mas todas pressupõem as circunstâncias que, em relação ao governo, distinguem a modernidade de outras épocas. Por exemplo, a versão religiosa, que somos tentados a considerar quase como um anacronismo no mundo moderno, é de tal natureza que não poderia ter surgido (digamos) na Idade Média; e, embora pareça ter algum tipo de afinidade com o estilo político de uma antiga cidade-estado grega, é uma afinidade que deixa de ser convincente assim que abandonamos a generalidade em favor de detalhes concretos. Certamente, temos observado que uma sociedade primitiva em que as relações e as atividades de seus membros são controladas com uma minuciosidade tamanha que nem sequer o vasto poder de um governo moderno foi capaz de igualar exibe algo que talvez possa ser reconhecido como a correlação da política da fé moderna. Mas isso não é mais que uma correspondência sombria: estritamente falando, essas comunidades não têm política, e, no lugar do que conhecemos como "governo", vemos apenas que os membros encarregados da administração de seus costumes exercem um cuidado e uma custódia não especializados dos interesses gerais.

Do mesmo modo, a política do ceticismo tem as condições do mundo moderno como contexto, não porque exista apenas em oposição à política da fé, mas porque pressupõe as mesmas condições desta. Entretanto, se nos limitamos por um momento a generalidades, podemos reconhecer que a moderna política do ceticismo tem equivalentes em outros lugares. Em termos gerais, trata-se da política da impotência, o estilo e hábito de governar apropriados para circunstâncias em que o governo dispõe apenas de poucas oportunidades para dirigir as atividades de seus governados. Nessas circunstâncias, é provável que se considere o estilo aceito de compreender a política. É possível imaginar pequenas extensões de poder, aumentos limitados de atividade, que podem ser tidos como desejáveis; mas ninguém acha negligente ou impróprio que um governo não faça, com o poder que efetivamente possui (ou alguma pequena ampliação dele), o que nem sequer possa ser imaginado. Por isso, não é absurdo reconhecer no governo da Inglaterra medieval, por exemplo, uma correlação que, no mundo moderno, aparece como a política do ceticismo. De fato, como veremos, as táticas desse estilo e os princípios dessa forma de compreensão da função do governo no mundo moderno devem muito à prática e à reflexão medievais.

De igual modo, o governo de um conquistador gravitará naturalmente, em primeiro lugar, em direção ao estilo cético: os subjugados, por ressentimento de fazer qualquer coisa, pensarão (se pensarem) que há pouco a fazer; e o conquistador, na melhor das circunstâncias, pouco poderá fazer. É possível imaginar que o conquistador de hoje é capaz de impor um padrão abrangente de atividades a seus subjugados de uma maneira desconhecida em tempos anteriores: o que nem os romanos nem os turcos tentaram virou algo comum na conquista, e o povo conquistado chega a esperá-lo, até com boa vontade, como seu destino. Mas mesmo o conquistador contemporâneo é frequentemente obrigado a modificar suas ambições, sendo que, nas primeiras etapas, prevalecerá a iniciativa cética da "pacificação" sobre qualquer coisa e determinará seu estilo de governo. E mais, em uma comunidade onde – devido à derrota na guerra ou a alguma calamidade natural, como a propagação de pragas ou a fome – a ordem superficial se vê ameaçada ou perturbada, o estilo cético e sua forma de compreender o governo serão tidos como apropriados. Em suma, em quaisquer condições em que o poder à disposição do governo tenda a se esgotar na manutenção da ordem superficial da comunidade, a política do ceticismo será o estilo e a forma de compreensão aceitos para o governo.

Um estilo de política, no entanto, existe apenas em suas versões; e, embora a observação dessas generalidades seja um início adequado para uma investigação da política do ceticismo, seu caráter concreto aparece somente quando passamos a considerá-las nas condições dos tempos modernos. E, naturalmente, a característica mais proeminente dessas condições é o surgimento de governos dotados de uma reserva de poder superior ao que parece ser necessário para a manutenção da ordem superficial. No mundo moderno, o contexto do ceticismo político é a presença, não a ausência, do poder.

II

Mas, antes de começarmos a explorar o território aberto por essa observação, há um aspecto da política do ceticismo que podemos atender primeiro, pois, embora tenha um papel nas contingências do estilo, é relativamente sem importância. Refiro-me à política do ceticismo simplesmente como uma reação contra a política da fé.

Já percebemos o erro envolvido quando se considera a história da política moderna como o simples desdobramento e eventual florescimento da política da fé. Sem dúvida, nessa exitosa história mal concebida, o ceticismo surge entre as forças do obscurantismo e se identifica com a "reação". Mas, se relegarmos isso a uma história partidarista, continua sendo correto que os grandes triunfos da fé no mundo moderno provocaram movimento na direção oposta. Na verdade, minha tese de que a história da política europeia moderna é uma oscilação instável entre esses extremos sugere um influxo na direção oposta sempre que a prática e a compreensão da função do governo se aproximam de qualquer dos seus extremos teóricos; também prevê que cada estilo se tornará "reacionário" à medida que saia de moda ou volte a tomar a iniciativa. A plausibilidade de considerar o ceticismo como o mero adversário da fé reside na situação histórica do início da era moderna, quando a corrente apontava para a política da fé e o ceticismo, para esse momento importante, surgia como um impedimento. Em geral, à medida que a história avança, essa situação se repete regularmente.

Isso faz com que as contingências do ceticismo apareçam como oponentes da fé e, nessas ocasiões, tomam sua forma e sua aparência da situação imediata. Um dos primeiros exemplos pode ser extraído da história da Guerra Civil Inglesa. Vimos que as agitações civis da Inglaterra do século XVII, ainda que não se tratassem de modo algum de uma simples luta entre fé e ceticismo, geraram partidos que seguiam uma versão religioso-econômica da política da fé, compreendendo o governo como a atividade destinada a impor um padrão abrangente à comunidade, um estado de coisas que se identificava com a "salvação". Aqueles que adotaram essa perspectiva consideraram o exército vitorioso do Parlamento como o meio providencial para estabelecer a "retidão" e a "regra dos santos". Se essa pressão sobre a política inglesa para que tomasse o caminho da fé, seguindo até o extremo, tivesse sido o trabalho de uns poucos excêntricos, é possível que desaparecesse sem necessidade de qualquer oposição. Mas, por trás disso, havia não apenas um poder significativo, mas também estava começando a se formar um conjunto bem articulado de ideias e argumentos, tanto religiosos quanto seculares, que despertaram uma oposição. E a extremidade dessa iniciativa é atestada pelo fato de que muitos de seus adversários, como o próprio Cromwell, eram políticos que, em outras circunstâncias, estavam possivelmente mais próximos do campo da fé que do ceticismo.

Esses céticos, Cromwell, Ireton, os Niveladores do *Acordo do Povo*,¹ dentre outros, podem ser vistos retornando do cenário da política da fé, da porta que eles mesmos ajudaram a abrir, de forma muito similar aos socialistas que hoje se desprendem da visão que ajudaram a propagar. Os argumentos de Cromwell e Ireton nos Debates de Putney,² as primeiras propostas dos Niveladores e os argumentos dos Independentes eram uma exposição da política do ceticismo que tomava forma e cor com base em uma versão particular da política da fé a que deveria se opor. A função do governo não se constitui pelo estabelecimento de "coisas boas" em abstrato ou de uma condição "perfeita" da vida humana, mas pelo que "a nação está preparada para receber e levar adiante" – Cromwell teve "poucos pensamentos extravagantes de obter grandes coisas do Parlamento". Apelava também a uma filosofia grosseira e elementar da "conveniência"; opunha-se ao antinomianismo de Buffcoat e Wildman em virtude de uma doutrina cética do formalismo e, até mesmo, pela força imperiosa de compromissos inoportunos.³

---

¹ Oakeshott refere-se aqui ao "An Agreement of the People", série de manifestos publicados entre 1647 e 1649 que reivindicavam reformas constitucionais do Estado inglês. Uma das mudanças exigia uma constituição escrita que definisse a forma e os poderes do governo, que estabelecesse limites à ação governamental e criasse uma série de direitos inalienáveis do povo. O objetivo era estabelecer uma espécie de contrato social entre os cidadãos e seus representantes, a ser renovado a cada eleição. Vários desses manifestos foram associados a um grupo conhecido como *Niveladores*, que reunia personalidades como John Lilburne, Richard Overton e William Walwyn. A expressão *niveladores* foi cunhada por seus adversários políticos, que insinuavam que os objetivos do grupo eram a abolição da propriedade privada e a redistribuição da riqueza – algo contestado veementemente pelos niveladores. (N. T.)

² Debates de 1647 entre os membros do Exército Novo acerca do significado de sua causa e das metas que estavam combatendo.

³ Buffcoat: na verdade, Robert Everard, agente do regimento de Cromwell, um entusiasta religioso que participou dos Debates de Putney em 1647. Sir John Wildman (1621-1693) foi um Nivelador que instigou a resistência às negociações de Cromwell com Carlos I, sustentando que ele "não poderia

O governo não aparecia como alguém que "resolve a condição do mundo" ou que promove uma *salus populi* indefinida pelos meios mais drásticos, mas como a atividade, limitada pela "lei fundamental", de proteger os direitos estabelecidos; reconhecia até mesmo o elemento de contingência e convencionalidade da "lei fundamental". A discussão política não era entendida como a ocasião de pronunciamentos inspirados por Deus, ou mesmo como um meio de chegar à "verdade", mas como um esforço para compreender diversos pontos de vista e alcançar um *modus vivendi*.

Agora, se estamos inclinados a considerar isso como um incidente insignificante na história das relações entre fé e ceticismo, os séculos XVII e XVIII, tanto na Inglaterra como no continente, fornecem um exemplo do encontro entre esses dois estilos que, embora possa ser facilmente mal interpretado, não pode ser negligenciado: a oposição cética à versão econômica da política da fé. Entretanto, suas dimensões podem ser exageradas se não observarmos as devidas distinções. Como vimos, o mercantilismo – a economia nacional regulada em maior ou menor grau pelo governo – não pertence essencialmente à política da fé; na verdade, é suscetível de uma explicação e de uma defesa céticas, pertencendo à fé somente quando é entendido de maneira baconiana como parte de um plano abrangente para direcionar toda a atividade das pessoas para a exploração dos recursos do mundo, na crença de que se trata da atividade mais adequada para a humanidade. Os regulamentos minuciosos e inquisitivos do colbertismo e o empenho similar de governos ingleses no século XVII, tanto realistas como parlamentaristas,[4] foram criticados, portanto, por dois pontos de vista diferentes.

---

servir à vontade de ninguém, desejando a liberdade e a felicidade de seu país e de toda a humanidade".

[4] O termo "realista" (*royalist*) era utilizado para designar os partidários de Carlos I durante a Primeira Revolução Inglesa. Seus adversários eram os

Primeiro, havia aqueles que se opunham às regulações porque acreditavam que elas eram ineficientes. Longe de promoverem a "prosperidade", considerada a finalidade e o destino apropriados da humanidade, viam nelas um obstáculo para a exploração mais econômica dos recursos do mundo. Claramente, tal oposição está longe daquilo que denominei ceticismo. Pairam dúvidas aqui acerca da competência do governo para promover a abundância, mas a suposição fundamental dessa versão da política da fé, de que uma sociedade com poder aquisitivo é o lar apropriado para um ser humano, é aceita sem maiores dificuldades. A objeção não é à exploração em si, mas somente à maneira como está sendo conduzida.[5] Segundo, havia aqueles que se sentiam relativamente indiferentes à eficiência ou ineficiência com que essa atividade de governo fomentava uma sociedade produtivista: contestavam a imposição de um padrão produtivista

---

"parlamentaristas" (*Parliamentarian*), também conhecidos como "cabeças redondas", liderados por Cromwell. (N. T.)

[5] Havia, sem dúvida, muitas correntes de opinião opostas dentro dessa escola de críticos. A declaração mais clara desse ponto de vista é encontrada nas obras de escritores desinteressados, que integram longa linhagem iniciada no princípio do século XVII. Aqui, o leitor pode reportar-se, por exemplo, a Lipson, *Economic History of England*, vol. III. Mas seria um erro supor que esse era o ponto de vista de todo industrial e comerciante ansioso para fazer fortuna por sua própria conta. É verdade que muitas vezes foram acusados de negligenciar a "prosperidade comum" em seu próprio benefício, e seus acusadores frequentemente se baseavam na ideia equivocada de que a aquisição comunal é de alguma forma moralmente superior à individual, uma visão sempre favorecida pelos partidários do poder. Em geral, os comerciantes se opuseram às regulações específicas, deixando para outros a tarefa de enunciar as objeções gerais. E isso é o que devemos esperar. Nossa própria experiência indica que é incomum para uma comunidade empresarial não seguir a orientação de menor resistência em relação às regulações do governo, considerando-as como meras adições ao custo normal e aos riscos do comércio. Essa comunidade procurará (e geralmente encontrará) formas de reduzir o obstáculo ao mínimo, e até mesmo descobrirá maneiras de transformar as condições impostas em suas vantagens. O homem de negócios é, normalmente, um crítico da política da fé a certa distância.

à sociedade porque eram contrários a qualquer padrão abrangente de atividade; contrariavam essa versão da política da fé porque se oporiam a qualquer versão. Foram justamente eles que formularam uma crítica genuinamente cética. Na verdade, deve-se presumir que sua objeção teria sido mais forte ainda se esse método de promover o estado "pelagiano" tivesse dado sinais de ser mais eficiente do que parecia: sua ineficiência era quase um mérito, insinuando como tal que seu êxito deveria ser julgado por outros critérios. A essa escola pertencia um corpo distinto de escritores; para não ir além dos grandes nomes, Hume, Burke, Bentham, Macaulay e, em minha opinião, o próprio Adam Smith, cuja oposição a essa versão da política da fé não era apenas uma dúvida *ad hoc*, mas uma profunda compreensão dos princípios do ceticismo político. Quando suas atenções se voltavam para essa versão da política da fé (o que nem sempre ocorria), a objeção dessa escola de escritores não se resumia à sua falta de economia: constataram toda uma miscelânea de erros – sua interpretação excessivamente otimista do comportamento humano, sua tendência de empobrecer a humanidade ao reduzir sua atividade àquilo que poderia facilmente ser controlado pelo governo, seu equivocado conceito radical acerca do significado político da propriedade privada, o fato de levar a lei ao descrédito ao exigir que ela tentasse o que não poderia realizar, e sua promoção, dentro e fora do país, daquela insegurança que, em sua opinião, deveria mitigar o governo como sua principal função.

III

Compreender a política do ceticismo somente como a oposição à política da fé leva a uma imprecisão. O ceticismo não surgiu apenas como uma reação à fé; surgiu, no mundo moderno, como uma resposta às circunstâncias que a possibilitaram. Seus recursos provinham tanto de circunstâncias do mundo moderno como daquilo que pode ser considerado, se possível, sua herança da forma medieval de compreender a atividade e o funcionamento do governo.

A imensa ampliação do poder do homem para controlar a atividade de seus congêneres foi o contexto do extravagante otimismo que surgiu na Europa desde o século XVI e que, em certa medida, substituiu o cristianismo por uma versão do pelagianismo. A grande participação do governo nesse poder foi a condição para que surgisse a política da fé. Pareceria, então, que o ceticismo político estaria sem nenhuma base de sustentação no início da história moderna: oposto à onda contemporânea, sua única origem parece ter sido uma ideia abstrata, a mera noção de que o que estava acontecendo era indesejável. Extrair em detalhes um estilo e uma compreensão de política cética com base nessa ideia parecia ser a tarefa contemporânea daqueles que acreditavam nela. Contudo, o cenário do começo da história moderna não estava de modo algum saturado de ambições e iniciativas da fé: não foram apenas as mudanças circunstanciais que ocorreram na atividade e no funcionamento do governo que favoreceram o ceticismo; havia também uma tradição genuína do ceticismo que não era inspirada por nenhuma oposição às certezas da fé, da mesma forma como restavam vestígios de uma atitude cética na política herdada do passado.

Junto com o crescimento do poder político (que inspirou a política da fé), houve uma definição e uma especificação mais amplas da função do governo. O governo no início do período moderno estava começando a aparecer como uma "função pública" dotada de um *status* especial (que logo seria chamado de "soberania"), distinguindo-o do conglomerado de autoridades que se consideravam pertencentes à pessoa do monarca, porque se tratava, de fato, de uma relação de direito privado. A mediação desse surgimento é registrada não apenas na história do *status* jurídico do governo e de seus servidores, mas também (por exemplo) na história da "prerrogativa" na

Inglaterra e na história da tributação e das finanças públicas, que mostra a conversão do que era até então uma renda real em um tesouro nacional. Essa mudança foi uma especificação mais limitada da atividade de governar, postulando que a atividade de governar não era o exercício de uma custódia indefinida sobre as atividades dos súditos, mas o desempenho de certos deveres públicos. Em suma, enquanto o aumento do poder atraía para a direção da fé, o estreitamento concomitante na especificação do governo o fazia na direção de um estilo e de uma compreensão de política cética: uma definição mais estrita da função impunha uma limitação da esfera de atividade.

Mas, além dessa ajuda circunstancial ao ceticismo na política, o estilo se beneficiou, no começo do período moderno, de uma desconfiança inata em relação ao poder humano, a qual sobreviveu, não sem alguma dificuldade, à perspectiva deslumbrante da iniciativa baconiana. Podemos considerar a sequência de dúvida e desânimo que aparece em grande parte da literatura elisabetana e no início do século XVII como um vestígio do pessimismo medieval ainda não regenerado pelo otimismo de Bacon e seus seguidores, ou como uma hesitação caprichosa, descrente, para pegar o touro pelos chifres: na realidade, não era nenhuma dessas duas coisas, mas uma imagem alternativa dos poderes e das possibilidades da humanidade que a fé nunca havia sido suficientemente forte para eliminar. Essa visão perturbada da fraqueza e da perversidade do homem e a transitoriedade da realização humana, às vezes profundamente sentida (como em Donne e Herbert), às vezes elaborada filosoficamente (como em Hobbes, Espinosa e Pascal), às vezes moderada e irônica (como em Montaigne e Burton), foram, quando se passou a contemplar a atividade de governar, o nascimento de um ceticismo político independente da suspeita daquilo que se poderia esperar dos triunfos e dos projetos da fé. Tem-se afirmado, com frequência bastante para merecer uma refutação, que o que distingue o ceticismo da fé do ceticismo na política é uma crença na doutrina do "pecado original"; mas é uma generalização muito apressada.

Não só os protagonistas puritanos da política da fé (como Milton, por exemplo) estavam firmemente convencidos da verdade e do significado da doutrina como qualquer outra pessoa, mas o próprio Bacon não duvidava disso; tanto Hobbes quanto Espinosa (cuja forma de compreender a política era preeminentemente cética) eram críticos profundos, embora oblíquos, da doutrina. Não é uma crença no "pecado original", mas algo muito mais mundano e menos abstrato e especulativo que distingue o político cético no início do período moderno: um sentimento de mortalidade, aquela *amicitia rerum mortalium*, que diminui o fascínio do futuro dourado previsto na visão de fé; a terra não é vista como um mundo a ser explorado, mas como um "palco para atuação"; e uma dúvida em relação aos resultados dos projetos humanos, especialmente quando impostos em grande medida, o que sugere que a humanidade deveria ao menos parar para refletir antes de se comprometer com uma única linha de ação. Essa é, portanto, uma visão muito reduzida do fim do século XVI e início do século XVII, período repleto de confiança e fé; necessitamos apenas recorrer ao grande contemporâneo de Bacon, Michel de Montaigne, para encontrar uma comparação cética em relação aos entusiastas visionários da época, tão convencidos de que estavam no caminho certo.

Montaigne não tinha ilusões acerca do poder humano. O costume é soberano na vida humana; é uma segunda Natureza, não menos poderosa. E isso, longe de ser deplorável, é indispensável. Pois o homem é tão cheio de contrariedades que, para realizar suas atividades de maneira adequada e gozar de tranquilidade entre seus semelhantes, requer o apoio de uma regra a ser obedecida. A virtude de uma regra não está no fato de ela ser "justa", mas de ser estabelecida. Na verdade, mesmo segundo os padrões comuns, é mais provável que os costumes existentes e as leis tal como se aplicam sejam "injustos", e certamente nunca são mais que contingentes e locais: nós obedecemos a eles porque estão vigentes, e não se pode exigir deles nada mais grandioso. Quanto ao empenho de fazer com que os arranjos de uma sociedade sirvam à perfeição humana, ou de impor um padrão abrangente de atividade aos indivíduos, é um projeto que não corresponde às condições da vida humana. *Que sais-je*: de que estou tão seguro a ponto de dirigir toda a energia e a atividade da humanidade para alcançá-lo? Sacrificar a modesta ordem de uma sociedade para o bem de uma unidade moral ou "verdade" (religiosa ou secular) equivale a sacrificar o que todos necessitam por uma quimera. Montaigne poderia ter corrigido com sua própria experiência os erros desses historiadores otimistas que sugeriram que os governos daquela época já tinham estabelecido a paz e a "segurança", de modo que seria adequado seguir adiante com a iniciativa de organizar a "prosperidade".

Mas a política do ceticismo nessa época, particularmente na Inglaterra, possuía outros recursos para utilizar: uma herança que falava diretamente de hábitos e instituições e que não precisava de nenhuma interpretação sofisticada para divulgar o modo de compreender o governo desse estilo. O que caracterizava o governo medieval não era somente seu poder relativamente pequeno, mas também uma noção adaptável da atividade de governar. As grandes instituições que contribuíram para o mundo moderno eram todas cortes de justiça de diversos tipos, e a compreensão da função do governo que carregavam consigo era a de uma atividade *judicial*. Em qualquer interpretação a respeito de sua função e competência, uma corte de justiça não é o tipo de instituição apropriada para tomar a iniciativa de organizar a perfeição da humanidade: quando se compreende o governo como a provisão judicial de soluções para os prejuízos sofridos, um estilo cético de política se impõe.

Isso é ilustrado de forma mais reveladora na história e no caráter do Parlamento inglês.[6] Está claro que o Parlamento dos séculos XIII e XIV não era visto apenas como uma corte de justiça, mas que, em

---

[6] Ver C. H. McIlwain, *The High Court of Parliament*; e G. L. Haskins, *The Growth of English Representative Government* (dos quais tirei a maior parte das minhas informações).

grande parte, seguia o modelo dos tribunais existentes, que era visto como superior. Os representantes chamados a Westminster eram reconhecidos como litigantes em um tribunal da mesma maneira que os habitantes de um condado deveriam litigar em seus respectivos tribunais. Assim como a tarefa dos litigantes nos tribunais inferiores era de "pronunciar" a lei e "averiguar" o costume, entendeu-se que a tarefa dos litigantes em Westminster, em consulta com os magistrados do rei (que teriam sido considerados, até o início do século XV, um "estado" do Parlamento), era "ditar" a lei no contexto mais amplo e de maior autoridade do reino. As práticas do início do século XIII mostram "uma conexão direta entre os tribunais do país e o Conselho do Rei, já estabelecido e em uso frequente".[7]

Está claro que o Parlamento de Westminster era visto como um tribunal estabelecido sobre outros tribunais para a resolução de casos difíceis ou duvidosos, provendo soluções novas para ilícitos de aparição recente e assegurando a justiça para todos de acordo com seus merecimentos,[8] não apenas pelos mandados que reuniam os representantes (e que demandavam especialistas em direito) e por aquilo que os contemporâneos escreveram sobre a nova instituição, mas também pelo procedimento adotado em sua assembleia. Tomar conhecimento de petições para reparação de agravos era uma de suas tarefas mais antigas. Na verdade, fica claro que aquilo que mais tarde seria reconhecido como "legislação" surgiu de um pequeno e quase imperceptível incremento no exercício da função judicial; e os impostos cuja votação se tornou habitual eram entendidos no começo como a receita do Tribunal Superior do Parlamento do Rei, "honorários da justiça", em princípio indistintos das "multas" do Tribunal do Rei.[9] É possível argumentar, talvez, que nesse período inicial temos um

---

[7] G. B. Adams, *The Origin of the English Constitution*, p. 321.

[8] G. L. Haskins, *The Growth of English Representative Government*, p. 6.

[9] Ibidem, p. 111.

estado de coisas em que a distinção entre atividade judicial, legislativa e administrativa ainda não havia sido estabelecida; e há muita verdade nessa afirmação. Mas o importante é que o caráter da atividade judicial está bem reconhecido e compreendido, e que "legislação" e "administração" se entendem no idioma judicial.

Tudo isso são conhecimentos comuns acerca do caráter dos parlamentos medievais, e isso é relevante porque, mesmo no século XVII, o Parlamento ainda é visto como uma corte de justiça. Um contemporâneo de Bacon escreve sobre o Parlamento como "o tribunal mais elevado e autêntico da Inglaterra";[10] no meio do século seguinte, a Câmara dos Comuns é mencionada como "a maior e mais sábia corte na Inglaterra".[11] Além disso, independentemente do crescimento que estava ocorrendo nos assuntos tratados no Parlamento, os primeiros séculos da era moderna tiveram uma experiência constante e explícita de seu funcionamento como corte de justiça, em que julgamentos eram conduzidos e sentenças eram pronunciadas. "Foi necessário tempo, muito tempo, e grandes mudanças no Estado [...] para alterar tudo isso e subordinar a velha ideia de um tribunal à nova ideia de uma legislatura."[12] A lentidão da mudança é uma das medidas da relativa fraqueza da política da fé (para a qual a "legislação" é indispensável) e também a força relativa da política do ceticismo.[13]

---

[10] Sir Thomas Smith, *De Republica Anglorum* (comp. Alstan), p. 58.

[11] *Fitzharris's Case* (1681). Ver C. Grant Robertson, *Select Cases and Documents*, p. 420.

[12] McIlwain, *The High Court of Parliament*, p. 121.

[13] Poderia aventurar-se a opinião de que a força que permitiu ao Parlamento inglês sobreviver ao eclipse das instituições representativas do continente no início do período moderno (quando a atividade de governar começava a ser compreendida em todo lugar na linguagem da fé) surgiu, em alguma medida, do reconhecimento do seu caráter judicial. Sucumbiram as assembleias que não eram de todo, ou não preeminentemente, judiciais, como a Assembleia dos Estados Gerais da França, enquanto as assembleias judiciais, como o Parlamento de Paris, sobreviveram. Deve sempre ser mais difícil para um

Pois, como disse, quando se reconhece o governo como a atividade de um tribunal, sua função será compreendida como a manutenção de "direitos"[14] e a reparação de "ilícitos", e não como a imposição de um padrão abrangente de atividade a todos os súditos do reino. Em suma, nos primeiros séculos do período moderno, a interpretação de uma das mais importantes instituições políticas inglesas era feita no idioma cético.

IV

No início da história moderna, o estilo cético e sua compreensão da função do governo não estavam, de modo algum, sem uma base sólida. Nos anos seguintes, não apenas encontraram uma série de expoentes de seus princípios, como também os adaptaram em várias versões por causa da mudança de circunstâncias do período moderno. Estiveram muitas vezes em oposição expressa à política da fé, mas nunca sem uma resposta atual (convincente ou não) às versões correntes da fé. Mas, na essência, seu caráter não foi determinado pelas mudanças da política da fé. Desenvolveu-se ao explorar com mais profundidade as insinuações do seu próprio mundo complexo de ideias, compreendendo mais plenamente as circunstâncias do mundo moderno ao utilizar os recursos da tradição mais ampla do ceticismo moral, alimentada por pensadores como Bayle, Fontenelle, Shaftesbury e Hume, que se estende desde o século XVI até nossos dias.

---

governo, por mais poderoso que seja, abolir o que é entendido como uma corte de justiça que uma assembleia que não possui esse caráter.

[14] É evidente que os "direitos" e os "deveres" não eram reconhecidos como "naturais" ou primordiais; sabia-se que tinham sido estabelecidos por um processo judicial baseado no "emaranhado de relacionamentos pessoais" que precederam suas formulações. F. M. Stenton, *The First Century of English Feudalism*, p. 44; Haskins, *The Growth of English Representative Government*, p. 25.

Às vezes, parece estar entrando em um beco sem saída; mas nunca careceu de vitalidade, e seus triunfos, embora talvez menos espetaculares (no papel) que os da fé, geralmente eram mais sólidos e triunfavam não apenas na reflexão, mas também na invenção política. Duas das três grandes revoluções dos tempos modernos começaram no estilo do ceticismo; e, enquanto a primeira formulou a constituição mais profundamente cética do mundo moderno, a Constituição dos Estados Unidos da América, a segunda, a Revolução Francesa, logo foi desviada para o caminho da fé.[15] Apenas a Revolução Russa não devia nada à política do ceticismo. Além disso, essa compreensão da política proporcionou uma interpretação característica, ou uma crítica característica, de todos os novos dispositivos e arranjos políticos, modos de comportamento e instituições que começaram a proliferar desde o início do século XIX.

Sustentei que as políticas do mundo moderno eram a *concordia discors* desses dois estilos de governar e, por consequência, não devemos esperar encontrar nenhum escritor ou partido que opte apenas por um em completa exclusão do outro. Mas não é difícil discernir os escritores que se inclinam fortemente na direção do ceticismo, nem os distinguir de outros que tendem para a fé, ou ainda identificar aqueles que descobrem a *concordia discors* em seu próprio pensamento, muitas vezes confuso, sendo John Locke o mais importante. Entre os escritores políticos mais notáveis (quanto aos princípios) que propuseram versões da política do ceticismo, não raro bastante individualizadas, estão Espinosa, Pascal, Hobbes, Hume, Montesquieu, Burke, Paine, Bentham, Hegel, Coleridge, Calhoun e Macaulay. Isso pode ser visto como uma galeria desordenada e, dependendo do ponto de vista, de fato o é. Mas, independentemente de suas disparidades (e

---

[15] A Déclaration des Droits de l'Homme et du Citoyen de 1789 é um documento cético que segue, em boa parte, o modelo da Declaração Inglesa dos Direitos de 1689. A versão de 1793 já começou a ser contagiada com a política da fé.

a divergência será encontrada, muitas vezes, na questão do estabelecimento da autoridade e constituição dos governos), eles têm em comum uma rejeição do "pelagianismo" político, que está na raiz de todas as versões modernas da política da fé, uma rejeição da crença de que governar é impor um padrão abrangente de atividade a uma comunidade e, por conseguinte, uma suspeita de um governo investido de um poder esmagador, assim como um reconhecimento da contingência de todo acordo político e da arbitrariedade inevitável de quase todos. A Inglaterra tem sido particularmente o lar dessa compreensão da função do governo; na literatura política inglesa, existem exemplos reveladores de obras em apoio a esse estilo de política que não são encontradas facilmente em outro lugar – obras que tocam ligeiramente os princípios, mas que vibram em cada linha com o idioma do ceticismo. Penso particularmente nos escritos de Halifax e Burke e, em menor medida, nos autores do *Federalist*.

O primeiro triunfo da política do ceticismo foi distinguir política de religião. Essa distinção estava, é claro, implícita no cristianismo primitivo, tendo sido teorizada por Santo Agostinho com profundo discernimento. Mas as circunstâncias tornaram necessário seu restabelecimento, tanto na teoria quanto na prática no mundo moderno, visto que as políticas da fé removeram a fronteira. No entanto, embora o mesmo século XVII tenha algo a mostrar no tocante a uma restauração da distinção, sua realização, naturalmente, teve relação imediata com as circunstâncias locais da época: a principal iniciativa do ceticismo consistia simplesmente em dar apoio à visão de que é inapropriado que o governo assuma a tarefa de determinar a "verdade" religiosa e, dessa maneira, fortalecer a visão de que, caso estabelecesse e reforçasse qualquer forma de crença ou culto, não deveria ser por sua "verdade", mas por causa da desordem e da insegurança que pareciam surgir em razão da ausência de uma religião estabelecida. Nessa época, a tarefa imediata do ceticismo político era remover o "entusiasmo" religioso da política; foi somente mais tarde que as condições estiveram maduras para um ataque mais radical ao problema. De fato, gradualmente, ficou claro que não se tratava de um problema que poderia ser resolvido de maneira definitiva. De certo ponto de vista, a política da fé é a reafirmação contínua da unidade da política e da religião; para esse olhar, a tarefa abrangente do ceticismo é afastar de maneira perpétua a atividade política da fronteira da religião, para chamar a atenção para os valores da ordem civil e da *tranquillitas* sempre que a ideia de um padrão total de atividade, imposta porque se acredita representar "a verdade" ou "a justiça", ameaça destruir todo o resto. Embora a questão apontada por *Hudibras*, ou dois séculos mais tarde no ensaio de Macaulay sobre a obra *The State in Its Relations with the Church,* de Gladstone, seja simples e direta em comparação com aquelas trazidas ao ceticismo político pelas recentes aproximações entre política e religião, o problema é, em si, singular e contínuo.

Na Inglaterra, durante parte do século XVIII, o estilo político do ceticismo obteve grande vitória, revelando-se pela primeira vez em trajes modernos.[16] Isso foi uma façanha de políticos *whigs* e de escritores como Halifax, Hume e Burke, que modernizaram seus instrumentos políticos e reformularam seus princípios de forma adequada à época. O que até então havia sido uma herança da Idade Média tornou-se um estilo e uma compreensão da atividade política praticada e expressada em um idioma moderno. Aqui, novamente, é interessante notar que esse estilo não era, nem seria por muito tempo, propriedade exclusiva de qualquer partido político: por um tempo, a corrente da atividade política na Inglaterra esteve voltada para o ceticismo. Talvez a maior conquista desse período tenha sido elaborar as práticas e os princípios de um estilo moderno e cético de diplomacia e a condução das relações com outros estados – estilo cuja política externa era incompatível com uma cruzada religiosa.

---

[16] Ver H. Butterfield, *The Englishman and His History*, parte II.

Todavia, como as conquistas da fé, a predominância do estilo cético não foi um interlúdio, mas um momento em nossa história política a ser recordado pelo ressurgimento da fé. Mas, antes que isso ocorresse, os princípios do ceticismo político foram reconstruídos de forma adequada ao tempo.

Não obstante, em vez dos triunfos ocasionais do ceticismo, o que revela o caráter desse estilo de política de forma mais plena são suas falhas; não sua substituição periódica pela política da fé, mas as ocasiões em que se comportou de maneira incompatível com seu caráter. Dentre elas, nos tempos modernos, estava sua *mésalliance* com a política dos direitos naturais e com a política do republicanismo.

Talvez fosse inevitável que um estilo que entende a função do governo como a manutenção de uma ordem apropriada, a preservação dos direitos e deveres e a reparação dos ilícitos, devesse ter a ambição de se estabelecer sobre uma base sólida. Sempre foi forte o impulso de nos assegurarmos de que nossos arranjos e modos de comportamento estabelecidos representem não apenas fatos e hábitos, mas também a "justiça" e a "verdade", e que tenhamos uma "certeza" fora do alcance das vicissitudes do tempo e do lugar. Mas esse é um impulso que pertence propriamente à fé. Historicamente, no que diz respeito ao ceticismo, ele deve ser considerado como uma infecção contagiada pela fé, uma deserção temporária de seu próprio caráter induzida pelos triunfos plausíveis da fé. E que tal fundamento devesse ser buscado na noção de que os direitos e os deveres a ser resguardados são "naturais", e, consequentemente, protegidos por causa de sua naturalidade era uma iniciativa adequada ao clima da opinião corrente do século XVII. O escritor que guiou a Europa a esse respeito foi John Locke, o mais ambíguo de todos os escritores políticos dos tempos modernos; um político cético que, inadvertidamente, impôs o idioma da fé ao entendimento cético do governo. Mas logo ficou claro quanto essa iniciativa estava longe do seu caráter. Converter "direitos" e "deveres", conhecidos como realizações históricas derivadas do exame paciente e judicial da forma como os homens estavam acostumados a se comportar, em direitos e deveres "naturais" equivalia a negar-lhes justamente essa contingência de caráter que era o cerne da interpretação cética; significava atribuir-lhes um caráter absoluto e permanente que não podiam possuir no entendimento cético. E o ceticismo político foi resgatado de sua aliança, nada natural, com a política dos Direitos Naturais, não pela crítica de Bentham (que nunca foi suficientemente crítico), mas pelo gênio de Burke e Hegel.

De todas as loucuras da política do ceticismo, a mais estranha aparece na história do republicanismo moderno. Houve aqueles, como Algernon Sydney, cujo apego ao republicanismo era uma espécie de adoração, que viram o republicanismo como a Nova Jerusalém e não questionaram mais nada. Também houve republicanos que acreditavam que essa maneira de constituir um governo era o único ou o melhor dos meios para assegurar que o padrão abrangente de atividade a ser imposto pelo governo fosse de acordo com suas preferências e que não se desvirtuasse por interesses alheios ou locais: para eles, o republicanismo representava um governo em que se poderia depositar um poder ilimitado, pois, em tais mãos, o poder seria infalivelmente empregado para o "bem comum".[17] Esse é o republicanismo interpretado no idioma da fé.

Todavia, historicamente, a interpretação mais significativa do republicanismo foi sua versão cética. O republicano cético (e o melhor exemplo de um escritor dessa convicção é Tom Paine) viu nesse modo de constituição do governo um meio infalível para limitar sua atividade, torná-lo menos oneroso e desviá-lo das incursões da fé, concentrando sua atenção na tarefa primordial de manter a paz e a ordem – em resumo, para estabelecer um governo fixado irrevogavelmente no estilo cético. Nesse caso, o republicanismo acaba sendo incorporado porque se acredita que seja a única forma de governo em

---

[17] Cf. Lamartine, *La France Parlementaire*, II, p. 109.

que o exercício de poder jamais estará a serviço da perfeição da humanidade. Uma variação dessa crença é a raiz da fé cética no sufrágio universal e no governo popular como remédios concretos e infalíveis contra um governo excessivamente poderoso, tal como aparece nas obras de Bentham e James Mill. Dentre as contingências da política cética, essa aliança com o republicanismo é uma rendição a propostas e impulsos que pertencem propriamente à fé.

A crença de que existe uma maneira particular de estabelecer a autoridade e constituir um governo que gerará, infalivelmente, uma única forma de exercer o poder do governo (e uma forma desejável) é uma ilusão própria da política da fé, e o fato de que céticos políticos como Paine e Richard Price (e, até certo ponto, Milton antes deles) chegaram a adotá-la revela como era precária a compreensão a respeito dos princípios do ceticismo político. Pois a crença de que um vasto poder nas mãos do governo é inócuo, caso o governo tenha sido constituído de determinada maneira, somente poderia ser sustentada por homens que tinham se esquecido da interpretação do comportamento humano que torna o ceticismo político inteligível. A insistência desses escritores nos parlamentos anuais (embora fossem impraticáveis e, com certeza, quase ineficazes como instrumentos de limitação) pode ser tomada como um sinal de que não haviam esquecido completamente seu ceticismo. Mas foi apenas nos últimos anos, pela pressão das experiências contemporâneas, que essa política cética começou a se livrar dessa inconsistência.

V

Comparadas com a fé, as contingências do ceticismo são difíceis de rastrear. A política da fé acompanhou, muitas vezes de maneira servil, cada ampliação do poder (fortuita ou não) que o governo teve a oportunidade de desfrutar na época moderna. Suas contingências estão relacionadas, essencialmente, com os projetos promovidos para a realização do grande desígnio: as táticas mudaram ao longo do tempo, mas a compreensão da função do governo não sofreu nenhuma mudança significativa nos últimos séculos. Por outro lado, as contingências do estilo cético não são a história dos projetos empreendidos; são apenas, em pequena medida, a história da criatividade política. São, mais propriamente, a história da reformulação perpétua de uma compreensão do governo para mantê-la relevante às circunstâncias correntes. O ceticismo nem sempre foi bem-sucedido em conservar essa pertinência, pois houve tempo em que um impulso evidente na direção da fé o deixou na defensiva, e tempo em que um súbito aumento do poder (nada constrangedor para a fé) o fez dar um passo em falso. Mas quase sempre ele compreendeu que sua tarefa era manter vivo e conveniente o magnetismo desse polo da nossa atividade política. Como regra geral, ele tem desfrutado de um grau maior de autodisciplina e autoconhecimento do que a política da fé, e raras vezes pretendeu parecer algo mais importante do que é.

Nos últimos cem anos, sua maior conquista tem sido intelectual: livrar-se, com recursos singulares, dessa fé que delimitou seu caráter e restringiu sua utilidade inúmeras vezes no passado. Não há exemplo melhor para ilustrar isso do que a doutrina da separação dos poderes do governo, que, por muito tempo, foi um de seus instrumentos principais. Num dado momento, a separação dos poderes era considerada um mecanismo pelo qual as funções específicas envolvidas na atividade de governar deveriam ser mantidas em mãos separadas, com uma consequente descentralização do poder exercido pelo governo. Como princípio prático para a limitação do poder, nunca correspondeu à estrutura política de nenhuma comunidade. Como mecanismo, nunca foi insinuada de maneira clara, nem mesmo no comportamento político inglês, e jamais foi posta em prática, nem sequer nas fórmulas constitucionais inventadas, em grande medida, sob sua inspiração. Assim, não é de surpreender também que, nos últimos cento e cinquenta anos, esse instrumento tenha perdido importância ao invés de ganhá-la. Como um mero obstáculo às incursões da fé, foi rapidamente posto de lado; e onde a fé conseguiu ir mais longe, até mesmo o elemento mais estimado dessa construção, a independência do judiciário, entrou em colapso. Mas, em vez de simplesmente descartá-lo como um instrumento demasiado antiquado para as circunstâncias modernas, o ceticismo político conseguiu extrair dessa doutrina excessivamente formal um princípio mais profundo e uma interpretação da política bastante oportuna para as condições contemporâneas. Em resumo, "a separação de poderes" deixou de ser um mecanismo para restringir o governo, pela divisão do exercício de seus poderes entre as diversas atividades, para ser entendida como um princípio que incorpora a suspeita de todas as grandes concentrações de poder, incluindo a do governo.

A política do ceticismo compreendeu que sua tarefa contemporânea deve ser: em primeiro lugar, detectar o que está acontecendo; em segundo, compreender de que maneira o governo pode realizar de forma mais econômica sua função, perene, de preservar a ordem e o equilíbrio pertinentes para a condição e as atividades correntes da sociedade; e, em terceiro lugar, garantir que a atividade política se oriente para esse propósito e aplique sua criatividade nessa direção.

A influência da fé conduziu ao surgimento de acumulações massivas de poder. O próprio governo moderno se destaca entre elas; e, onde isso não se sustenta simplesmente com base no "bem" que poderia se esperar de tal acumulação, justifica-se com o argumento pseudocético de que, dado um aumento geral do poder, o governo deve apropriar-se de grande parte a fim de controlar o resto. Além disso, a atividade política foi forçada a se conduzir por canais estreitos, de modo que sua atenção se fixou apenas sobre o projeto atual, enquanto os grandes desdobramentos que resultam da concentração de propósito foram ignorados ou considerados de maneira insuficiente. O futuro distante atraiu uma atenção desproporcional, e, posto que a atividade tem se expandido sempre até o limite, não é deixada nenhuma reserva para enfrentar as emergências inevitáveis.[18]

Na interpretação cética da situação, portanto, o que precisa ser restaurado na política contemporânea é um equilíbrio de atenção e um equilíbrio de poder. Por exemplo, deve-se considerar desequilibrada uma condição em que a atividade seja inteiramente determinada pelo passado, pelo presente ou pelo futuro. E, nesse sentido, o desequilíbrio da política contemporânea decorre da preocupação com o futuro, compelida pela política da fé, e que ameaça destruir a continuidade das atividades ao suprimir nossa simpatia pela iniciativa anterior. Para restaurar o equilíbrio, o que precisa ser promovido é o entendimento da política como uma conversa em que passado, presente e futuro possuam voz; ainda que um ou outro possa eventualmente prevalecer sobre os demais, nenhum recebe atenção exclusiva.

Novamente, a aceitação acrítica que a política da fé tem dado a cada novo aditamento ao nosso poder de controlar homens e coisas e de explorar o mundo (uma aceitação determinada quase exclusivamente por considerações de prosperidade econômica) resultou em concentrações de poder grandes e quase soberanas, transformando as tensões normais da sociedade em uma guerra de gigantes. Um equilíbrio de poder tornou-se impossível porque, com a destruição de contrapesos menores, subsistem apenas os pesos maciços, de modo que a balança oscila grosseiramente de um lado para outro. Na visão do

---

[18] Acredito que não seja injusto manter uma preocupação excessiva com a política da fé, responsável por nosso despreparo moral para enfrentar o surgimento daquelas formas de poder conhecidas como o motor de combustão interna e a energia atômica. Essa compreensão da política considera todo aumento de poder como algo "bom" *prima facie*; e, quando um determinado aumento de poder se revela perigoso, o costume da fé é supor que o perigo pode ser evitado mediante algum instrumento político *ad hoc*. A fé é hostil a essa reserva constante de ceticismo que, por si só, é capaz de mediar a mudança e controlá-la, não apenas quando já ocorreu, mas enquanto ela ocorre e antes que alcance proporções incontroláveis.

cético, para restaurar a possibilidade de um equilíbrio, é necessário que o poder disponível seja redistribuído entre uma multiplicidade de entidades semi-independentes (entre elas, o indivíduo protegido em sua semi-independência por um direito à propriedade privada restringível da menor maneira possível), de modo que nenhuma delas (nem mesmo o governo) tenha poder suficiente para impor um padrão único e abrangente de atividade à sociedade.

Além disso, o cético está ciente de que é sempre precário o equilíbrio de uma sociedade em que o poder é distribuído entre um grande número de beneficiários. Os arranjos que, no início, promovem uma dispersão de poder, com o passar do tempo, acabam muitas vezes criando combinações, alianças ou instituições excessivamente poderosas ou mesmo absolutas, enquanto continuam a reivindicar o reconhecimento e a lealdade que lhes correspondiam por seu caráter original. Devemos ter a clareza necessária para reconhecer tal mudança, e sermos energéticos o bastante para aplicar um corretivo enquanto o desequilíbrio ainda é pequeno. E o que contribui mais que qualquer outra coisa para essa clareza é superar o transtorno de uma doutrina rígida que impõe um falso caráter permanente aos arranjos. Ao juízo do cético, as melhores instituições são aquelas cujo caráter é firme e autocrítico, que se reconhecem como depositárias de um fragmento benéfico de poder, mas que recusam o inevitável convite ao absolutismo. Mas como é de esperar, as instituições, assim como as pessoas, sempre ultrapassam os limites, e a função do governo é conservar o equilíbrio, mantendo-as em seus lugares.

Nessas circunstâncias, é possível pensar que o governo deva ser dotado de um poder extraordinário, capaz de manter sob controle todos os demais poderes e sua concentração. Mas essa não é a visão que o cético estará disposto a tomar. Em sua interpretação do comportamento humano, não há razão para supor que os homens encarregados da atividade de governar sejam mais moderados que aqueles que realizam outras atividades, e não há menos razão para esperar qualquer desproporção entre a falta de moderação de governantes e de qualquer outra pessoa. Portanto, o poder necessário para governar é reunido de forma mais econômica na ausência de grandes concentrações de poder concorrentes que na presença de um poder avassalador em meio a um mundo composto de grandes poderes. Pois somente necessita de um poder avassalador o governo que tiver contra si um extenso conjunto de poderes dispostos em uma grande variedade de indivíduos e interesses distintos; mas, nesse caso, o governo pode ser acusado de ter interesses próprios tão absurdos a ponto de desqualificá-lo para o desempenho de sua função. Normalmente, o governo busca assegurar apenas um poder maior que qualquer outro centro de poder possa reunir em uma ocasião particular.

Além do mais, o cético encontra no que se chama de "império da lei" uma maneira de governar consideravelmente econômica em seu uso do poder, a qual, por consequência, ganha sua aprovação. Se a atividade de governar fosse a interrupção contínua ou esporádica dos hábitos e arranjos da sociedade, mesmo com medidas corretivas arbitrárias (para não mencionar as medidas destinadas a impor um padrão único à atividade), seria necessário um poder extraordinário, sendo que cada um de seus atos se configuraria como uma intervenção *ad hoc*; e, além disso, a despeito desse poder extraordinário nas mãos do governo, a sociedade careceria de alguma estrutura conhecida e protetiva que impusesse um freio contínuo às forças da dissolução. Mas o governo, pelo império da lei (isto é, por meio da aplicação de métodos prescritos de regras estabelecidas, igualmente obrigatórias para governantes e governados), enquanto não perder sua força, é em si mesmo um emblema daquela difusão de poder para cuja promoção existe. Esse é o método de governar mais econômico no uso do poder: envolve uma associação entre passado e presente e entre governantes e governados, o que não deixa espaço para a arbitrariedade; encoraja uma tradição de moderação e de resistência ao surgimento de perigosas acumulações de poder, de forma muito mais eficaz que qualquer ataque promíscuo, por mais esmagador que seja; controla eficazmente, mas sem cortá-lo, o grande fluxo positivo de atividades; e fornece uma definição prática do tipo de serviço limitado, mas necessário, que pode ser esperado do governo, libertando-nos de expectativas vãs e perigosas, bem como de uma ambição exagerada. E, se, por fim, o cético contemporâneo retornar à doutrina da "separação de poderes" no sentido mais formal, será para observar não apenas os benefícios que podem ser obtidos da manutenção de certo grau de independência para cada um dos "poderes específicos de governo", mas também a pertinência de uma maneira de governar em que o poder é compartilhado de forma conversacional entre uma multiplicidade de interesses, pessoas e funções distintas, em que o governo aparece, por exemplo, como uma associação entre um gabinete e os membros de uma assembleia representativa, entre um ministro e um funcionário permanente e, talvez, entre assembleias representativas de interesses distintos.

A força que um estilo de política cética dessa natureza pode ter na atividade política contemporânea é passível de ser avaliada por aqueles que acreditam saber como avaliá-la. Não se pode afirmar que esse é o curso que nossa política está tomando na atualidade. Mas sua história nos últimos cento e cinquenta anos teria sido muito diferente se o impulso do ceticismo político fosse fraco ou ausente. Na medida em que essa história tem sido o relato, não da promoção de uma mudança rápida ou da imposição de um padrão geral de atividade, mas de uma sucessão de recursos políticos para mediar mudanças correntes, garantindo acordos viáveis e eliminando desequilíbrios manifestos; na medida em que as ideias especulativas e as grandes ambições desempenharam um papel subordinado; na medida em que as mudanças não foram forçadas para suas chamadas conclusões "lógicas", bem como o impulso à "simetria" foi mantido dentro de limites razoáveis; e, na medida em que as transições abruptas foram evitadas e a fé nas transformações mágicas e nas iniciativas visionárias tenha sido moderada, a política do ceticismo [nesses], senão em outros aspectos, fez-se sentir. Mas a sua inspiração, pelo menos na Inglaterra, nunca foi apenas uma oposição à política da fé, mas também uma compreensão da função do governo derivada, em grande parte, de algumas das antigas tradições da política inglesa, pacientemente considerada e reconsiderada em cada geração e aplicada às situações correntes do mundo moderno.

Capítulo 5 | A Nêmesis da Fé e do Ceticismo

I

A natureza distintiva da atividade e da compreensão da moderna política europeia (como tenho sustentado) é a possibilidade de movimento interno que decorre do seu caráter heterogêneo e complexo. Afirmei que os polos históricos desse movimento são os dois extremos que chamei de política da fé e política do ceticismo. Além disso, na medida em que nossa atividade política esteve, por vezes, perto de ser imobilizada por qualquer um desses extremos, ou na medida em que se voltou decisivamente para qualquer um deles, surgiram ou foram insinuados dois estilos opostos de governar e de compreender a função do governo. E, dado que nossa atividade política sempre se orientou em uma ou outra dessas direções, jamais permanecendo por muito tempo numa direção sem sofrer a pressão exercida pelo outro polo, poderia ser descrita, de diferentes pontos de vista, como uma flutuação entre dois polos históricos, ou como uma *concordia discors* de dois estilos opostos de governo. Finalmente, sugeri que a notória ambiguidade da nossa linguagem política não decorre de nenhuma corrupção temporal ou artificiosa de um vocabulário que antes era inequívoco, mas do fato de que, em qualquer ponto em que nos encontremos no movimento interno da nossa política, temos à nossa disposição o mesmo conjunto de palavras para expressar os diversos entendimentos da atividade de governar. Em suma, essa ambiguidade é específica e não meramente geral. Uma vez que seu caráter peculiar deriva do caráter específico dos extremos por entre os quais nos movemos, devemos considerar a exata polaridade da nossa política a fim de compreendê-la. E, quanto mais profundamente examinarmos o caráter desses extremos, mais clara será a nossa imagem dos dilemas da política moderna.

Pode-se dizer que cada um desses estilos opostos de política, quando tomados por si só, origina uma nêmesis característica. Em nenhum dos casos, porém, a nêmesis é uma condenação externa do estilo, tampouco um simples destino que se espera eliminar caso persista em seus caminhos. Certa percepção imprecisa do que se espera da nossa política, em cada um de seus horizontes, é o que, sem dúvida, nos tem impedido de uma rendição final a qualquer um deles; mas não é disso que estou tratando. A nêmesis a que me refiro, em cada um desses estilos de política, é uma confissão ou revelação do seu próprio caráter. Investigá-la, portanto, não envolve apenas alimentar nossa preocupação sobre o que poderia acontecer se a atividade política se tornasse imobilizada em qualquer um desses extremos: trata-se de alcançar uma compreensão mais clara dos próprios extremos.

Em suas aparições concretas na atividade política, cada um desses estilos, mesmo quando surgem nos escritos de seus adeptos, está determinado pela ocasião de seu aparecimento. Nenhum deles jamais ocupou nosso mundo de política excluindo o outro: cada um sempre se apresentou com ornamentos retirados de seu oponente, diluídos por reminiscências de um caráter que assumiu para se defender em uma ocasião particular, ou foi determinado pelas características contingentes de alguma versão temporária de si mesmo. No entanto, pode-se dizer que esses estilos possuem um caráter irreprimível – um caráter que somente se revelaria caso o estilo estivesse sozinho, mas que nunca será revelado na companhia de seu oponente. Falo desse caráter irreprimível como a nêmesis do estilo, pois, em cada caso, resulta ser um caráter autodestrutivo. Quando nosso vocabulário político se torna exclusivo da fé ou do ceticismo, as palavras perdem de imediato sua ambiguidade, mas, ao mesmo tempo, representam e sugerem direções à atividade política que, uma vez buscadas, conduzem ao fracasso. De fato, é isso o que devemos esperar; isso repete e confirma a interpretação dos extremos da nossa política como polos de uma única atividade, e não como meros opostos alternativos, sendo que cada um deles é capaz de proporcionar uma maneira concreta de governar e uma compreensão coerente da função do governo. Confirma também a interpretação da ambiguidade, não como uma corrupção lamentável da linguagem, mas como uma característica da nossa política, sem a qual ela seria totalmente diferente do que é. Em suma, quando qualquer um desses estilos reivindica para si a independência e a completude, acaba revelando um caráter contraproducente. Cada um deles é, ao mesmo tempo, parceiro e oponente do outro; cada um necessita do outro para resgatá-lo da autodestruição. Caso conseguisse destruir o oponente, descobriria que, no mesmo ato, havia destruído a si mesmo.

O caráter irreprimível de cada um desses dois estilos de política, portanto, deve ser explicitado. Isso, no entanto, não é um exercício puramente lógico. É evidente que cada estilo corresponde a um sistema e, assim, a nêmesis é sua incoerência. No entanto, o que temos de observar não são apenas incoerências lógicas, nem uma discrepância entre os fins e os meios propostos; é a maneira pela qual cada estilo, quando se priva da associação modificadora de seu oponente, arruína seus próprios propósitos. Esclarecer isso é, antes que lógico, um exercício imaginativo. Sempre que a política da Europa moderna avançou decisivamente na direção de qualquer um desses extremos, apareceu a sombra da nêmesis: nossa tarefa é reconstruir, tomando por base essas sugestões sombrias, seu caráter oculto ou, pelo menos, as características ocultas que simbolizam.

II

A situação que devemos examinar em relação a cada um desses estilos de política é a seguinte: uma sociedade é um complexo de atividades. As sociedades da Europa moderna se distinguem pela grande diversidade de atividades que as compõem. Mesmo que possamos discernir algumas de suas principais direções, cada atividade exibe grande variedade interna de motivações, e nenhuma é tão dominante a ponto de eliminar as outras. Nenhuma tem sido menos monolítica em suas atividades que as da Europa moderna. Por outro lado, o governo corresponde a um pequeno grupo de homens, que normalmente ocupam cargos oficiais, cuja autoridade foi estabelecida por uma forma reconhecida, e que estão autorizados a controlar as atividades de seus governados. O que distingue um estilo de governo de outro é a maneira como esse controle é exercido.

Na política da fé, governar representa o controle minucioso e abrangente de todas as atividades. A função do governo é reconhecida por meio da imposição e da manutenção de uma condição das circunstâncias humanas em que todas as atividades são realizadas para se conformar a um único padrão ou são estipuladas em uma única direção: aqueles que não se conformarem serão devidamente eliminados. A direção imposta pode revelar-se como uma consideração racional das direções correntes das atividades, sendo selecionada, talvez, porque parece já ser dominante. Por outro lado, pode também ser o produto de uma experiência visionária daquilo que é próprio para a humanidade. Novamente, a direção escolhida pode ser imposta de maneira gradual ou de forma revolucionária. Mas, seja qual for o modo de sua aparência ou imposição, é, de maneira inevitável, uma das direções de atividade já insinuadas na sociedade: o governo nunca impõe uma direção inteiramente nova. Mesmo a "retidão", que deveria impor o governo dos "santos", já era vista entre as direções correntes das atividades na Inglaterra do século

XVII. Além disso, a direção é escolhida porque se acredita que seja muito mais adequada para a humanidade e, consequentemente, porque atrai para si o epíteto de "perfeita". Até que essa direção seja determinada, o trabalho de governo (que consiste em impor e mantê-la) não pode, propriamente falando, começar.

Portanto, segundo essa compreensão, governar é uma atividade "total". Isso significa que toda atividade permitida é, em si mesma, uma atividade de governar (e reconhecida como tal), e que todo indivíduo legitimamente empregado é, *eo ipso*, um agente do governo. Essa situação não exige que os agentes oficiais do governo estejam em todas as partes para controlar todas as atividades; isso poderia muito bem ocorrer, mas não é o ponto significativo. O importante é que, para permanecerem legitimamente ativos, devem estar fazendo o trabalho que, segundo esse entendimento, corresponde ao trabalho do governo. É preciso entender que todas as atividades participam do estabelecimento e da manutenção das condições escolhidas para os homens (o que equivale a tomar parte da tarefa atribuída ao governo), ou, do contrário, são ilegítimas. Em tal comunidade, portanto, há apenas um trabalho que pode ser realizado; e as diversas maneiras de empreendê-lo (dormindo, praticando a agricultura, pintando quadros, alimentando crianças, etc.) não são atividades distintas e independentes, mas os componentes indistintos de um único padrão. O que existe (por exemplo) não é "futebol", mas o "futebol na medida em que promove a perfeição". E a divisão tripartida das atividades possíveis em outras partes – governar, ocupar-se de assuntos privados legais e comportar-se de maneira ilegal – é reduzida a duas pela fusão da primeira com a segunda.

Além disso, chega-se à mesma conclusão quando a situação é analisada tendo como referência o outro extremo. Por exemplo, nessa versão da política da fé, para a qual a máxima exploração dos recursos do mundo é a "perfeição" a ser buscada, uma comunidade é reconhecida propriamente como uma "fábrica". O indivíduo é visto como um "empregado" na iniciativa da "perfeição"; toda atividade legítima é entendida como um "trabalho fabril". E, uma vez que toda exceção na atividade de governar é considerada ilegítima, o que distingue tal comunidade é um tipo de atividade única e abrangente. Em suma, o governo a serviço da "perfeição" não surge como um estilo de política, mas como uma forma de abolir a política. Essa é, de fato, a nêmesis que devemos esperar. Na política da fé, cada palavra em nosso vocabulário político (incluindo a palavra "governo") adquire um significado máximo apropriado à "perfeição" buscada; ao expressar esse significado máximo, chega a denotar todas as formas de atividade legítima e, portanto, nenhuma em particular.[1]

Desse modo, a política como a busca da perfeição, quando está fora do alcance de qualquer instância modificadora, é incapaz de proteger-se da própria dissolução. Quando o governo é entendido como uma atividade de controle ilimitado, ele se encontra sem nada para controlar: um *factotum* não possui súditos que não sejam

---

[1] "O governo [...] não tem um caráter especial." Leon Duguit, *Law and The Modern State* (tr. Laski), p. 49. Essa nêmesis é insinuada em muitos aspectos do modo de vida de que se desfrutou sempre, e em todo lugar, que nossa política tocou o horizonte da fé. Nessas ocasiões, o que propriamente apareceu não foi apenas o controle minucioso de todas as atividades que associamos à "burocracia" ou a um *Beamtenstaat*, nem apenas uma multiplicidade de informantes, mas a destruição da política pela conversão de todas as atividades em uma atividade "política" e de todo cidadão em um agente de governo. E não há fim para as repercussões desse *motif* – a menos que se diga que o pedido de uma esposa para que o marido seja executado por alguma atividade ilegítima possa ser considerado um "fim". Mas isso começa em situações muito menos espetaculares. Está presente, por exemplo, na confusão que se apodera daqueles que falam o idioma desse estilo. Por exemplo, Lindsay (*Essentials of Democracy*, p. 7) e outros, quando falam da "democratização da indústria" não podem, evidentemente, observar nenhuma distinção entre "governar" e "administrar" uma indústria. E a visão de que a busca da "perfeição" é uma *techné* totalmente inclusiva, de modo que um fazendeiro, um cientista, um compositor ou uma mãe estariam habilitados para realizar suas atividades caso sejam proficientes nessa tecnologia, é um produto desafortunado (embora legítimo) da política da fé.

oponentes. Essa autodestruição é inerente ao caráter irreprimível da política da fé. Mas é ilustrada, e talvez reforçada, em vários defeitos contingentes, alguns dos quais são, de fato, contraproducentes.

A política da fé terá alguma pertinência em uma comunidade cujos membros, envolvidos em poucas atividades e de caráter mais simples, não estão inclinados a uma variedade de direções. Na verdade, é de esperar que uma sociedade monolítica tenha uma política monolítica. Quando há apenas uma direção disponível, esta será seguida não porque seja percebida como o caminho para a "perfeição", mas porque não há nenhuma alternativa. Mas a característica das comunidades da Europa moderna é a multiplicidade de suas atividades e direções. Nessa situação histórica, a política da fé, quando escolhe uma única direção para ser seguida, proscrevendo todas as demais, possui uma aparência incongruente. É um estilo de governo incongruente com a estrutura da comunidade que governa: exige uma direção exclusiva de indivíduos que não reconhecem facilmente a importância dessa demanda. Consequentemente, nas condições da Europa moderna, o governo se dedica a uma dupla tarefa: primeiro, subjugar a sociedade; em segundo lugar, manter sua submissão a uma única direção de atividade. Para realizá-las, necessitará um poder imenso e será incitado a uma busca contínua por mais e mais quantidades de poder. Mas, quanto mais poder adquire e, de fato, quanto mais exitoso parece ser em subjugar diversas atividades a uma única, mais próximo se assemelhará de uma autoridade alheia, até que finalmente se revele (no tocante a seu poder e a sua hostilidade) comparável a uma "força da natureza". E o povo cuja atividade está sendo conduzida, de forma cada vez mais plena, para a conquista da natureza e a exploração de seus recursos, reconhecerá tal força como algo que tem aprendido a rechaçar ou, pelo menos, contornar. Desse modo, a operação de uma das versões da política da fé, nas circunstâncias da Europa moderna, torna-se contraproducente ao acrescentar mais uma direção de atividade às múltiplas já existentes, a saber, a busca por imprecisões no padrão geral, a atividade improdutiva de contornar o controle minucioso que está tratando de impor. Tampouco é uma forma de autodestruição meramente especulativa; apresenta paralelos nas outras versões da política da fé, e sua sombra tem aparecido onde quer que esse estilo de governo tenha, em qualquer grau, começado a se impor às diversas atividades da moderna comunidade europeia. É o *impasse* que desperta a política do Terror, que permanece latente em cada versão do governo quando a busca da "perfeição" se impõe a uma comunidade já diversificada.

Como vimos, a condição das circunstâncias humanas escolhida para a busca exclusiva na política da fé se estabelece, de alguma maneira, com base na própria comunidade sobre a qual é imposta pelo governo. O padrão da "perfeição" é uma das direções correntes de atividade: é uma direção histórica. A "exploração dos recursos do mundo" baconiana, a "retidão" dos "santos" do século XVII e as direções mais recentes da "segurança" pertencem a um contexto histórico particular, sendo esse o contexto que lhes atribui um caráter específico e uma plausibilidade. Todavia, na política da fé, as condições exclusivas das circunstâncias humanas devem ser buscadas como se sua validade fosse permanente e não meramente histórica. Tudo nesse estilo de governo se constitui convenientemente para perdurar; onde o desígnio da "perfeição" foi descoberto, a mudança não necessita ser temida ou prevista, preferindo-se o imutável a tudo aquilo que se reconhece como efêmero. Quando a orientação adequada da atividade foi determinada, não há sabedoria (apenas loucura) na atitude de prevenir-se contra erros ao fazer tentativas de compromissos e explorações graduais.[2] Dessa forma, a política da fé é a política da imortalidade; o ponto

---

[2] A Lei de Educação de 1944 está profundamente impregnada com a política da fé, sendo que algumas de suas disposições estão sendo confirmadas por edifícios escolares exclusivamente apropriados para elas.

de não retorno não pode ser alcançado com muita rapidez, sendo reconhecido com entusiasmo e não com receio. Na condução das atividades, esse estilo de governo sempre apoia o atacante, nunca a zaga. Fortalecido pela certeza (a presunção do "santo" e a autoconfiança do baconiano são, assim, idênticos), o político da fé está devidamente preparado para arriscar tudo pelo fabuloso prêmio da "perfeição". Mas, na verdade, a condição das circunstâncias humanas que ele persegue não tem um significado tão permanente. Está composto de nada mais substancial que as reflexões de inteligências falíveis, dramatizadas pelas paixões de poucas gerações: somente na política contemporânea, há pelo menos duas versões da "perfeição" que competem entre si. Consequentemente, os monumentos imperecíveis da política da fé são ruínas imperecíveis, "loucuras" notáveis, muitas vezes, pela força de seus materiais e sempre pela excentricidade de suas intenções. Esse ciúme do tempo que a fé proclama, não só na sua pretensão de irrevocabilidade, mas também na sua característica urgência, é, de fato, uma proclamação da própria derrota.

Além disso, se existe uma nêmesis reservada para a pretensão da irrevocabilidade na política, há outra que corresponde à preocupação com o futuro, que é característica da política da fé. O governo, como a direção minuciosa de cada atividade na busca de uma condição das circunstâncias humanas chamada de "perfeição" (e, talvez, assim considerada universalmente), tem enorme responsabilidade. A atitude apropriada do governado não pode ser de indiferença, de tolerância ou mesmo de mera aprovação; deve ser uma atitude de devoção, de gratidão e de amor. O zelo pela "perfeição" que pertence a esse estilo de governo (como Halifax e Hume observaram anteriormente) tem sua correspondência no entusiasmo do indivíduo pelo seu governo. Os inimigos do regime serão identificados não como meros dissidentes a serem inibidos, mas como incrédulos a serem convertidos. A simples obediência não é suficiente; deve ser acompanhada de fervor.³ Se o governado não é entusiástico com o governo, não terá um objeto legítimo para sua devoção; se ele é devoto da "perfeição", ele *deve* ser devoto do governo. Toda vez que nossa política se voltou decisivamente na direção do horizonte da fé, o governo sempre demandou amor e devoção, não aquiescência. Mas, nessas circunstâncias, em que o que é prometido é a "salvação", a conquista do governo deve ser sempre muito grande ou muito pequena, sendo que, em ambos os casos, a gratidão se converte em ódio, o que acaba revelando o próprio caráter autodestrutivo do estilo.

Suponhamos (o que nunca ocorreu) que esse estilo de governo estabelecesse uma condição das circunstâncias humanas reconhecida como a "perfeição". Isto geraria muitas consequências desconcertantes; entre elas, o súdito deveria a um único benfeitor (estando consciente disso) tudo aquilo que pudesse querer. Mas, encontrando-se sem recursos para pagar essa dívida (que acredita que constitui todo o seu endividamento), sua alegria se converterá em miséria e sua gratidão, em animosidade. Pois, como observa Tácito: "Os benefícios recebidos são um deleite para nós, desde que pensemos que seja possível pagá-los; quando essa possibilidade é amplamente excedida, os benefícios são pagos com ódio em vez de gratidão".⁴

Por outro lado, suponhamos (uma ocorrência mais provável) que, ao prometer a "perfeição", esse estilo de governo encontre dificuldades para realizar seu projeto, ou esteja, de maneira manifesta, muito longe de sua meta. Ele despertou desejos que é incapaz de satisfazer, ou que não pode satisfazer de imediato. Assim, a atenção do

---

³ O condutor de mulas grego que, quando questionado sobre por que havia batido em seu animal, que estava andando muito bem, respondeu: "Sim, mas ele não *queria* andar", era um expoente da política da fé. Essa é a definição de Pascal sobre a tirania. *Pensées* (Brunschvicg), p. 332.

⁴ *Ann.* iv. 18. Cf. Montaigne, *Essais*, ii, 12; Pascal, *Pensées*, 72; La Rochefoucauld, *Maximes*, 226.

governado será direcionada para o futuro e, ao mesmo tempo, o governo concentrará seus esforços com energia renovada para a tarefa. Mas, em ambos os sentidos, perderá o amor e a devoção que exige.

Em relação ao primeiro ponto, o governo irá se dirigir desse modo a seu governado: "Você saberá que a perfeição é um grande prêmio, difícil de ganhar. Estamos a caminho disso; mas não é razoável esperar que a desordem de séculos se transforme repentinamente em um paraíso.[5] E saberá também que, embora talvez não viva para ingressar na terra prometida, seus filhos e os filhos de seus filhos irão nela habitar. Eles desfrutarão de tudo aquilo que hoje lhe falta. Para você, restará a glória eterna que se atribui aos pioneiros". O governado responderá com a devida gratidão a tais palavras reconfortantes. Ele será capaz (suponhamos) de conformar-se com algo menos que a "perfeição", desde que não perca a confiança de que ela está a caminho. Por um período, ele se satisfará com o conforto opaco de utopias distantes.

Mas, em relação ao segundo, o governo falará da seguinte maneira: "A busca da 'perfeição' é uma tarefa árdua. Não espere apenas renunciar aos deleites de que desfrutarão aqueles que venham depois, mas também espere sofrer as dores e as privações inseparáveis dessa iniciativa. Somos responsáveis por levá-lo para a terra prometida, e não podemos cumprir esse dever sem poderes plenos. Nós exigimos não um 'mandato de médico', mas um 'mandato de salvador'. Mas não permita que os sofrimentos do presente, ou mesmo algumas das exigências bastante difíceis que formularemos, perturbem sua confiança. Tenha a certeza de que somente reconhecemos um dever, o dever de 'aperfeiçoar' a humanidade; e não permitiremos que nada impeça sua realização".

Com essa proclamação, virá à tona tudo aquilo que está oculto nas reentrâncias desse estilo de política: um caráter escassamente

---

[5] "É possível instaurar o céu na Terra." Lênin, *The Threatened Catastrophe*.

propício para inspirar devoção. Toda proteção formal na condução das atividades será reconhecida como um impedimento à busca da "perfeição", aparecendo o caráter antinomiano típico de toda atividade ligada a um único princípio absoluto; compromissos, lealdades e tarefas serão deixados de lado; misérias atuais (nesse caminho avassalador rumo à "perfeição") serão negligenciadas ou minimizadas; serão oferecidas orações pela "paz industrial" (para que possamos continuar com o trabalho), enquanto os pobres, os oprimidos, os aterrorizados e os torturados serão esquecidos; nenhum preço será considerado demasiado elevado para pagar pela "perfeição". Na verdade, uma *interimsethik* será anunciada: uma transvaloração temporária de valores em que se verá que a "perfeição" da humanidade surge da degradação dos homens vivos. O presente, representado como um interlúdio entre a noite e o dia, virará um crepúsculo incerto.[6] A compaixão será traição; o amor, heresia. Nessas circunstâncias, em que *il n'y a que de cadavres ou de demi-dieux*,[7] em que será difícil ocultar o massacre e impossível disfarçar a corrupção, em que o barco é preferível de maneira tão notória à tripulação, não é improvável que a gratidão e a devoção sejam reservadas. Assim, tanto no êxito como no fracasso, e sempre que esteja em processo, o governo entendido como a busca da "perfeição", quando está sozinho, torna-se um estilo de política contraproducente. Requer o que não pode obter e necessita daquilo que seu caráter proíbe.

A nêmesis da fé, portanto, é a maneira pela qual o governo, quando atrelado à busca da "perfeição", colapsa de maneira inevitável: o empenho para impor um único padrão de atividade a uma comunidade

---

[6] Nesse crepúsculo, os médicos sonharão com os rápidos avanços que poderiam ser feitos na medicina se recebessem seres humanos para os experimentos. E filantropos, como Robert Owen, reconhecerão nos pobres um material admirável para a experimentação social porque estes não podem defender a si próprios.

[7] "Existem apenas cadáveres ou semideuses." (N. T.)

é uma atividade contraproducente. E isso se ilustra também naquilo que poderia ser denominado a lógica da "segurança" na política da fé.

Na escala de significados do vocabulário político, há um ponto crítico reservado à palavra "segurança". De um lado, a proteção contra algumas das vicissitudes da sorte é vista como uma das atividades do governo. Aqui, a inspiração é a observação de desgraças atuais sofridas; por "segurança", entende-se a garantia do alívio. No entanto, o alcance dessa garantia não é determinado pela magnitude da miséria, mas pela percepção dos desdobramentos decorrentes de sua eliminação. Toda "proteção" implica que o governo tome conta de algumas das atividades do indivíduo; mas o limite é a "proteção" que pode ser fornecida sem impor um padrão compreensivo de atividade à comunidade. Quando um homem é defendido contra o infortúnio de tal modo que perca a autoridade para defender a si próprio, o limite é ultrapassado.

De outro, "segurança" é vista como a garantia de certo nível de "bem-estar", enquanto governar é a atividade de prover tal garantia. Em geral, pode-se dizer que a política da fé começa nesse ponto, em que os significados mínimos de "segurança" começam a se converter em máximos. Contudo, apenas em uma de suas versões a "segurança" é reconhecida como a direção abrangente de atividade a ser imposta à comunidade, sendo, consequentemente, o lugar em que a nêmesis da "segurança" pode ser percebida. Embora o que se busca não seja meramente "proteção" contra algumas das vicissitudes das contingências, mas uma comunidade organizada expressamente para evitá--las, o mais minucioso e implacável controle de todas as atividades será demandado. A primeira necessidade de governo, portanto, é um imenso poder; supõe-se que a garantia do indivíduo de desfrutar dessa condição de "segurança" será proporcional ao poder à disposição do governo. Com frequência, apontam-se subprodutos indesejados (mas, no entanto, inevitáveis) desse estilo de governo. Quando a "perfeição" é identificada com a "segurança", a condição comum do governado será uma escravidão determinada por qualquer privilégio que possa garantir para si mesmo mediante uma submissão ainda mais prostrada; e a condição da comunidade será um nível de bem-estar cada vez menor à medida que o motivo do esforço diminui. Contudo, as consequências são custos que o indivíduo pode pagar; para alguns, podem parecer intoleráveis, mas não equivalem ao fracasso do estilo de governo. No entanto, esse é um estilo autodestrutivo; e a sombra da autodestruição tem pairado por toda a Europa há várias gerações. Pois, embora seja verdade que a supressão completa das vicissitudes seja impossível sem que o governo esteja dotado de imenso poder, também é verdade que, quando o governo possui esse imenso poder, a "segurança" diminui imediatamente: a condição de "segurança" absoluta é também uma condição de precariedade absoluta.

O mecanismo de autodestruição pode ser elucidado da seguinte maneira. Um homem da Inglaterra anglo-normanda, atormentado pela insegurança, poderia jurar fidelidade a um poderoso senhor e, assim, ganhar proteção contra algumas das vicissitudes da sorte. Estariam compreendidas algumas obrigações, que apareceriam no balanço como pequenos acréscimos ao poder do senhor. Mas as condições práticas da enfeudação, que poderiam aumentar a segurança do vassalo, eram que o poder do senhor fosse grande, mas não ilimitado, e que a contribuição a esse poder por cada servo fosse pequena, mas não insignificante. Pois, se a submissão atrelar o vassalo às ambições poderosas que acompanham o poder imenso, este poderia até encontrar-se protegido contra muitas vicissitudes menores da vida, mas, ao mesmo tempo, estaria comprometido com lutas maiores, sendo vítima de vicissitudes também maiores que, até então, não compartilhava e que, de fato, não existiriam (ou existiriam somente em uma escala menor) se ele e seus semelhantes não contribuíssem com o poder.

Em princípio, o preço da "segurança" é, portanto, a submissão. E, enquanto certo nível de "segurança" pode ser desfrutado por uma submissão adequada a um protetor moderadamente poderoso, uma "segurança" abrangente poderia ser alcançada por uma submissão total a um protetor imensamente poderoso. Isso, de fato, é a inferência envolvida nessa versão da política da fé. Pois, aqui, todos os súditos são apresentados a um único protetor, o governo, gerando imenso poder disponível para ser usado sempre que qualquer elemento dessa "segurança" total seja ameaçado. Mas o resultado é diferente do esperado. Quando toda atividade é realizada pelo governo, as possibilidades de conflito entre as comunidades organizadas em torno dessa "segurança" aumentam em número e em gravidade. De fato, um mundo de comunidades organizadas para a "segurança" de todos é um mundo organizado para as disputas, e (uma vez que todo o poder da comunidade se encontra atrás de cada uma) disputas grandes. Nenhuma comunidade pode, de fato, desfrutar de uma segurança abrangente sem um controle tão grande sobre as atividades de tantas outras comunidades que, onde a submissão não é imediata, os conflitos são inevitáveis. A menos que seja assegurado um nível de "bem-estar" inferior ao que é atualmente desfrutado, a defesa da "segurança" em um lugar implica que seja atacada em outra parte. Em suma, a versão da política da fé em que a "perfeição" é identificada com a "segurança" é um estilo de política que requer um governo dotado de um poder maior que qualquer outro, sendo que o poder pode ser reunido de maneira mais fácil e plausível que qualquer outro. Mas, independentemente das proteções e das seguranças menores que esse estilo possa oferecer, o produto inevitável da concentração de poder imensa e sempre ativa, dirigida para a realização de seu propósito, é uma diminuição da segurança e um aumento da precariedade.

É certo que, na mitologia dessa versão da política da fé, há uma passagem destinada a prevenir essa contingência. Acreditava-se que, caso "o povo" (isto é, "as massas" de cuja submissão o governo deriva seu poder para outorgar uma "segurança" abrangente) permanecesse controlado pelo poder gerado por sua submissão, a nêmesis da "segurança" poderia ser evitada. A guerra foi representada como o esporte dos reis; e o povo submisso apenas ao seu próprio governo jamais seria enganado para renunciar àquilo que ajudou a estabelecer. Mas essa forma de escapar da nêmesis da "segurança" provou ser uma ilusão. Nenhuma comunidade pode desfrutar de uma "segurança" abrangente sem um domínio absoluto do mundo, e nenhum indivíduo pode desfrutar de uma segurança total sem submissão completa a um poder suficientemente grande para exercer esse domínio. Além disso, o governo não é apenas um conjunto de arranjos para a realização das atividades públicas, nesse caso a manutenção da "segurança" abrangente; é também o que J. S. Mill chamou de "um grande influxo que atua sobre a mente humana". Quando o governo possui um poder imenso, a atividade de governar não atrai para si homens moderados e temperados, preocupados em evitar os defeitos da iniciativa na qual estão envolvidos, mas os neuróticos e frustrados que não conhecem limites ou o *parvenu*[8] que se embriaga facilmente com a oportunidade de fazer coisas grandes e brilhantes. Quando esse poder é gerado pela submissão "das massas" que buscam uma "segurança" abrangente, acaba caindo nas mãos de protetores que prometem mais do que podem realizar e, fingindo liderar, impõem a seus seguidores a responsabilidade por suas próprias ações.[9] Na verdade, é apenas a reminiscência da moderação que corresponde ao significado mínimo de "segurança" o que faz com que a política do significado máximo pareça, aliás, plausível. Ou, de maneira alternativa, o fracasso é somente evitado quando o influxo do ceticismo é exercido sobre essa versão da fé.

---

[8] *Parvenu* significa uma pessoa que, de maneira súbita, ascende para uma posição de riqueza ou poder à qual não estava acostumada e tampouco adquiriu o prestígio, os modos ou a dignidade normalmente associados a ela. (N. T.)

[9] "A escolha lhes foi posta, se gostariam de ser reis ou mensageiros do rei. Como crianças, todos escolheram ser mensageiros. Agora, portanto, existem muitos mensageiros, que viajam por todo o mundo e, como não há reis, põem-se a gritar entre si mensagens obsoletas e sem sentido. Com muito gosto, dariam fim a suas vidas miseráveis, mas não se atrevem a fazê-lo por causa de seus juramentos de serviço." Kafka, *Aphorisms*.

Há outro aspecto da nêmesis da política da fé que devemos considerar, a saber, o que poderíamos chamar sua enfermidade moral. Pois, embora essa enfermidade não seja contraproducente, deve, todavia, ser tomada como uma qualidade que impede o estilo de perdurar por si próprio.

Uma atividade moral é aquela em que se pode detectar um princípio de autolimitação; às vezes, talvez seja inevitável responder simplesmente ao peso das circunstâncias, mas isso é ser menos que um agente moral. Os componentes cuja relação devemos examinar envolvem o poder à disposição do governo e a iniciativa de impor um padrão único de atividade, dando, com isso, um caráter monolítico à comunidade. Nossa questão é se a política da fé deve ser entendida como uma ideia especulativa que fornece a si mesma (ou que recebe providencialmente) o poder necessário, de modo que possua um princípio de autolimitação; ou se deve ser entendida apenas como um excesso de poder que incita o governo a se dedicar à atividade ilimitada de buscar a "perfeição". Porque simplesmente responder à incitação ao poder, seguir aonde quer que ele vá e explorar todo o aumento não é uma atividade moral; é apenas uma demonstração de energia. Se fosse uma questão de precedência, não há dúvida sobre qual deveria ser nossa resposta. A imposição de um único padrão de atividade a uma comunidade (e, além disso, a uma comunidade distinguida por uma nova multiplicidade de direções de atividade) exige um controle minucioso e implacável que apenas um governo dotado de grande poder poderia contemplar. A noção de controle minucioso em busca da "perfeição" apenas surgiu quando os governos adquiriram uma larga experiência no controle minucioso, empreendido gradualmente e, muitas vezes, para o objetivo imediato de vitória na guerra.[10] Não se trata, porém, de uma questão de precedência; nosso problema

---

[10] Cf. *Cambridge Economic History of Europe*, vol. II, cap. vii, p. 9. [A referência ao *Cambridge Economic History of Europe* é um erro. A referência, atualmente, é feita a Lionel Robbins, *The Theory of Economics Policy, in*

consiste em saber se a ideia de "perfeição" é capaz de fornecer um princípio de autolimitação e, assim, transformar a demonstração de energia em uma atividade moral. E a resposta parece ser que a ideia de "perfeição", em virtude de sua própria falta de limites, é incapaz de autolimitação. Impor e manter um único padrão de atividade (não para algum propósito limitado, como a vitória na guerra, mas porque esse padrão de atividade é reconhecido como a condição "perfeita" das circunstâncias humanas) é indistinguível do fato de imprimir à comunidade todo o poder à disposição do governo e se comprometer em uma busca perpétua por um poder cada vez mais extenso. Isso não requer uma quantidade de poder apropriado para a realização de um propósito específico: o propósito se encontra na custódia do poder e cresce com cada extensão do poder.[11]

Parece, então, que a política da fé é a busca da "perfeição" ligada ao poder: o caráter da "perfeição" é apenas a condição das circunstâncias humanas que surge quando se exerce um controle minucioso e incessante sobre as atividades dos indivíduos. Nem é surpreendente que isso seja assim. Muitas de nossas atividades são desse tipo, de modo que o trabalho se vê inspirado por ferramentas que, por sua vez, são gradualmente melhoradas à medida que o projeto avança e somente como um meio para continuá-lo. A produção de riqueza, por exemplo, embora possa ser limitada por considerações de seu desfrute, pode também converter-se em um hábito que ultrapassa esse limite, adquirindo impulso próprio direcionado para um máximo que coincida com uma diminuição, em vez de uma ampliação, da felicidade. Tanto o crescimento da "educação" nos últimos cento e cinquenta anos como o incremento das atividades da BBC desde

---

English Classical Political Economy (London, Macmillan, 1952). Veja a Introdução do Editor, p. ix.]

[11] "É dever do governo fazer tudo aquilo que propicie o bem-estar dos governados. O único limite para esse dever é o poder", Nassau Senior, citado em Robbins, op. cit., p. 45.

seus primórdios, são exemplos de como opera o mesmo processo. Mas o que é surpreendente é a forma pela qual essas atividades estão dotadas de um caráter moral espúrio, ao que parece por causa da energia e da persistência com que são perseguidas, e também devido à aparência de inevitabilidade que apresentam quando estão em andamento. Até agora, as políticas da fé são comparáveis à exploração de uma técnica; impulsionadas por uma força interior, são pouco obstaculizadas por considerações de utilidade e desprovidas de qualquer princípio de autolimitação.

Mas as coisas não acabam aqui. As políticas da fé não aparecem em uma versão geral, porém em uma variedade de versões; e cabe a uma versão fornecer um princípio de autolimitação. A "perfeição" não é somente o que surge quando o controle minucioso e incessante de todas as atividades do governo é exercido: trata-se de uma condição mundana das circunstâncias humanas que sofreu uma definição. O que se busca é a "retidão", a "máxima exploração dos recursos do mundo" ou a "segurança". Aqui, a "perfeição" não está ligada ao poder; o poder está ligado a uma "perfeição" particularizada. E, na medida em que essas noções de "perfeição" são excludentes entre si, pareceria haver em cada uma um princípio de autolimitação. No entanto, a aparência é ilusória. Se a "retidão", ou a "máxima exploração dos recursos do mundo" ou a "segurança" fossem entendidas como objetivos limitados, cada uma requerendo uma dotação apropriada (e, portanto, limitada) de poder para sua realização, então cada uma teria, certamente, um princípio de autolimitação. Mas não ocorre assim na política da fé. Há noções excludentes de "perfeição", não formas alternativas de "perfeição", porque *ex hypothesi* a "perfeição" não pode ter formas alternativas. Surgindo como noções de "perfeição", nenhuma pede por uma dotação de poder diferente e apropriada; cada uma pede tudo o que há e busca incessantemente mais, e, ao fazê-lo, acabam compartilhando o mesmo caráter ilimitado. Em suma, as distinções que as várias versões da política da fé parecem representar carecem de diferenças. Cada uma é definida não por si mesma, mas pelo poder disponível ou em perspectiva; cada uma é uma atividade a ser "moralizada" segundo o princípio de que "devo porque posso". E, paradoxalmente, como parece a alguns, é justamente o seu caráter de "perfeição" que transforma a busca, de atividade moral, em mera resposta à incitação do poder.

III

A nêmesis da política cética, quando livre de toda instância modificadora, é menos espetacular que a política da fé em circunstâncias semelhantes: o fracasso do ceticismo é menos devastador e mais sutil. E a diferença estrutural entre os dois estilos (que já foi sugerida em outros pontos da nossa investigação) não é insignificante; constitui um princípio que devemos considerar em mais detalhes mais adiante. No entanto, o fracasso não está ausente da política do ceticismo: para dizer o mínimo, tal política é instável quando se mantém por si só.

O estilo de governo cético não é anárquico: o extremo aqui não é o "não governo", nem sequer o governo reduzido às menores dimensões. A fé revela-se como o governo máximo, o ordenamento total das atividades do indivíduo e, portanto, poderia se afirmar que o ceticismo representaria um governo mínimo: está preocupado em impor a menor uniformidade possível à direção das atividades. Mas o caráter do estilo cético não é apenas o que se reflete no espelho da fé. Tem uma função positiva, a manutenção de uma ordem pública relevante em uma comunidade; e pode ascender acima do governo mínimo, sendo imperial em sua própria esfera, sem chegar próximo de governar no modo da fé. Consequentemente, a nêmesis não é a ausência de governo, nem uma inclinação para o governo fraco. De fato, em seu âmbito característico de atividade, em virtude da estreiteza dessa esfera, o governo no estilo cético pode ser forte exatamente onde o governo da fé é suscetível de ser fraco. O poder que necessita, dado que não é grande, está (nos tempos modernos) prontamente disponível; a maneira pela qual ele é utilizado não provoca uma oposição massiva que exija grandes esforços, possivelmente insuficientes; e porque, em circunstâncias normais, esse estilo de governo nunca se encontra no final de sua capacidade, sempre resta algo disponível para situações de emergência. Em suma, esse estilo de governo pode ser forte porque, para isso, não precisa ser imenso: é supremo porque suas atividades são limitadas.

Na política da fé, o governo não tem nenhum caráter especial. Por essa razão, torna-se, no final, a única atividade legítima; em geral, a nêmesis desse estilo decorre da sua característica ilimitada, da sua preocupação com a "perfeição". Na política do ceticismo, por outro lado, o governo aparece como uma entre numerosas formas de atividade que compõem uma comunidade; é preeminente apenas em relação a um aspecto universal das atividades, ou seja, a disposição de limitar-se reciprocamente. E, em geral, a nêmesis do ceticismo deriva da severa autolimitação que pertence ao seu caráter. Sua função é manter uma ordem pública relevante, ou seja, uma ordem adequada à maneira e às direções das atividades que compõem a comunidade. Mas o hábito de ser exato no cumprimento do dever, e nunca excessivo, tende a tornar o próprio cumprimento mais difícil. Então, quando se encontra isolada, a política do ceticismo revela certa inadequação às condições das comunidades europeias modernas.

O governo, na forma da fé, deve ser e parece ser um poder hostil em qualquer comunidade, exceto naquela que esteja comprometida a realizar atividades pouco numerosas e simples. Consequentemente, tem a aparência de um intruso nas comunidades da Europa moderna: seu primeiro dever consiste em impor simplicidade, reduzir as atividades somente àquelas que podem ser controladas pelo poder disponível. O que é característico dessas comunidades não é apenas uma multiplicidade de direções de atividade, como também uma disposição para mudanças rápidas e perpétuas. A maneira adequada de governar será aquela que não apenas reconheça a multiplicidade, mas também que esteja disposta a mudar. É aqui que aparece a falha característica da política do ceticismo: é um estilo de governo preeminentemente adequado para as condições de uma sociedade complexa, porém relativamente estática. O governo da fé está alerta à mudança porque sua função principal é suprimi-la caso haja divergência da direção escolhida, como a "perfeição", não havendo nada em seu caráter que deva interferir no cumprimento desse dever. O governo do ceticismo, por outro lado, não tem autoridade para impedir isso, é relativamente indiferente à mudança de qualquer tipo e, consequentemente, é insensível mesmo aos efeitos da mudança que ocorrem em sua própria esfera, a saber, o surgimento de condições que demandem ajustes no sistema de direitos e deveres para que uma ordem relevante seja mantida. Tampouco se trata de uma falha contingente: é um defeito da virtude desse estilo de governo.

Uma comunidade propensa a mudanças rápidas e perpétuas nas direções de suas atividades necessita, em particular, de uma forma de governo que, por si mesma, não esteja prontamente envolvida na mudança. E a insistência na formalidade, como um símbolo da regularidade na manutenção da ordem, típica do ceticismo, resulta ser claramente apropriada. Mas a relutância em comprometer a ordem mediante o recurso fácil à informalidade tem sua contrapartida em uma resistência às modificações das formalidades sem as quais a ordem se tornaria rapidamente irrelevante e, por consequência, contraproducente. E quando (como aqui) a virtude não reside em imaginar e prever a mudança, senão em elaborar os ajustes mais econômicos e menos revolucionários que possam ser feitos no sistema de direitos e deveres apenas em resposta às mudanças mais evidentes e bem estabelecidas, a falta de vigilância é quase indistinguível de focar exclusivamente nos próprios assuntos. Preocupar-se mais implicaria ser menos firme; e a maior disposição no governo para reformar o sistema de direitos e deveres seria inseparável da tomada de um controle maior sobre as atividades da comunidade. Em suma, na ausência de uma iniciativa maior, a função cética de manter um sistema de direitos e deveres relevantes para as atividades correntes que formam a comunidade tenderá a se realizar de maneira vagarosa. Sem o influxo exercido pela fé, sem o "perfeccionismo" que, como vimos, é tanto uma ilusão como uma ilusão perigosa, que evoca, por si mesmo, uma nêmesis, o governo, no estilo cético, é suscetível de se ver atacado pela nêmesis do quietismo político.

A disposição do ceticismo de subestimar a ocasião é outra faceta desse fracasso. A fé reconhece cada ocasião como uma emergência e, em nome do "interesse público" ou do "benefício público", mantém seu império antinomiano ao recorrer a seu vasto poder, que (por ser sempre insuficiente) está sempre em processo de ampliação. Por exemplo, a doutrina do "domínio eminente" é magnificada em uma doutrina da "soberania", não sendo compreendida como auxiliar da interpretação da lei, mas como uma lei para acabar com todas as leis, como a autoridade para um controle minucioso *ad hoc*, como (em suma) um atalho para o céu.[12]

---

[12] É inevitável que, em certas circunstâncias, o governo possa anular direitos privados, incluindo os direitos do cidadão contra o governo; seja qual for seu estilo, o governo não pode autorizar nenhum freio absoluto a sua eficácia. Essa doutrina é formulada no conceito de "domínio eminente", e era compreendida no sentido de não apresentar problemas graves desde que o governo estivesse orientado na direção do ceticismo, quer dizer, enquanto as "circunstâncias" fossem interpretadas de forma restrita ao invés de ampla, e o direito fosse exercido com desconfiança. De fato, esse próprio conceito pode ser considerado cético, pois distingue as atividades em uma emergência das atividades normais. Todavia, quando o máximo começa a deslocar o mínimo, quando a "necessidade pública" é ampliada para o "bem-estar", para a "prosperidade" ou para a "salvação", ou quando toda ocasião pode ser igualada a uma "emergência" que justifique a prática do "domínio eminente", ou quando, em algumas de suas atividades, o governo sempre reivindica privilégios especiais (por exemplo, a

Portanto, o ceticismo está inclinado à subestimação. Rejeitando a imposição da emergência em sua própria esfera, sendo relutante em ir além desta, tende a confundir uma emergência genuína com as falsas emergências da fé, rechaçando-a. Mas, ao fazê-lo, o ceticismo revela uma insuficiência que o coloca no caminho da outra forma de fracasso a que está suscetível. A energia e a iniciativa características das comunidades europeias modernas exigem formalidades no governo que o estilo cético pode fornecer; mas exigem também disposição em uma emergência genuína, e, aqui, esse estilo é prejudicado por suas próprias virtudes. O paradoxo da política cética é que, embora seja o estilo de governo com a maior reserva de poder disponível para utilização em uma emergência, também é o menos disposto a recorrer a ela. Responde lentamente às projeções inspiradas nos perigos que rondam. No entanto, o estilo cético não pode sustentar-se como uma atividade puramente empírica; requer algo mais para obter a coerência que, quando surge com paixão e urgência pouco habituais, ou como ideologia, suscita uma resposta defensiva. A insatisfação consciente pela falta de projetos destinados a produzir melhores ganhos supera o hábito de "não fazer". A distância da autolimitação estudada chega a ser vista como inevitável. Na presença de um estilo apaixonado que alcança resultados limitados representando-se como uma iniciativa ilimitada, a autolimitação estudada, a *mésure* por parte do governo, deve parecer fora de lugar – na melhor das hipóteses, algo estranho; na pior, um exemplo de indolência. É sempre difícil entusiasmar-se com a moderação ou apaixonar-se pelo autocontrole, mas nessas circunstâncias resulta impossível. Não exigindo amor nem gratidão, mas apenas respeito, esse estilo de governo será contemplado com indiferença ou, inclusive, com

---

exclusão do cumprimento específico de um contrato), esse direito devora todos os outros direitos, e uma doutrina da "soberania" ilegítima e incontrolável surge de pequenas situações.

desprezo. Enquanto a fé sofre a nêmesis do excesso, o ceticismo se vê privado de sua autoridade por sua moderação.

Não ser facilmente compreendido pelos cidadãos equivale, para um estilo de governo, a ser condenado por inadequação, mesmo que a falta de entendimento diga respeito mais aos indivíduos que ao próprio estilo. Nesse clima ativista (em que o governo da fé parece tão relevante), o estilo cético deve surgir como uma manifestação ininteligível e sofisticada. Como vimos, esse estilo é primordialmente uma atividade judicial; quando os homens buscam sua realização, individual ou coletiva, facilmente se cai no erro de tomar a atividade judicial como um obstáculo. Esse estilo se resigna exatamente no momento em que o ativista espera uma afirmação de sua autoridade; desiste quando o ativista espera que continue; insiste em tecnicismos; é estreito, severo e pouco entusiasta; carece de coragem ou convicção. É um estilo de governar que reconhece uma multiplicidade de direções de atividade e, ainda assim, não expressa nenhuma aprovação; assume a "imperfeição", porém não se aventura em nenhum julgamento moral. Atribui um grande valor aos precedentes, mas não acredita que o caminho do precedente conduza a qualquer destino específico.[13] Imagina estar determinado pela "conveniência", mas de uma maneira tão refinada que não se renderá à busca da "perfeição". No que parece uma autolimitação caprichosa, ele se nega a defender um homem de forma a privá-lo de qualquer autoridade para defender a si próprio. Se o ativista está preocupado com a "verdade", um direito probatório que impeça o tribunal de escutar aquilo que, se ouvido, estabeleceria a culpa, soa

---

[13] "Precisamente porque acredito que o mundo estaria muito bem se vivesse sob leis diferentes das nossas em muitos aspectos, e porque creio que o respeito a nosso código especial é justificado simplesmente por sua existência, porque tal código é a única coisa a que nos acostumamos e não porque represente um princípio eterno, resisto a consentir a revogação de um precedente, e creio que nosso importante dever consiste em assegurarmos que o duelo judicial deva ser combatido em sua forma habitual." Holmes, *Collected Legal Papers*, p. 239.

como um tecnicismo obstrutivo. Se ele se preocupa com "a boa administração", pareceria absurdo permitir que os direitos de propriedade sejam obstruídos. Se ele se preocupa com a "retidão", fazer as pazes com os "pagãos" é terrível. Em suma, as distinções intelectuais que constituem esse estilo de governo são estranhas ao clima ativista de opinião; num mundo em que todas as demais atividades são sérias, onde a diligência é virtude e a energia é excelência, tais distinções atribuem ao governo um caráter de frivolidade.

Sem dúvida, essa acusação da política do ceticismo é fruto da ignorância e de uma concepção equivocada. No entanto, revela certa inadequação no estilo e, o que é mais importante, conduz – se permitirmos – à nêmesis final do ceticismo: a disposição de reduzir a política a um jogo.

Por "jogo",[14] refiro-me à atividade realizada em certas ocasiões específicas, com horário marcado, em um lugar determinado e de acordo com regras exatas, de modo que sua importância não reside no resultado a ser buscado, mas na disposição desfrutada e promovida em razão da atividade. Essa atividade contrasta, em geral, com os atos "sérios", ou com o que poderia ser chamado de "vida comum". Sem "sobriedade", não pode haver "jogo"; sem "jogo", não pode haver "sobriedade". Consequentemente, o "jogo" não se opõe de maneira simples ou direta à atividade "séria"; sua relação com a "vida comum" é a de um companheiro irônico. Exibe, em si, as tensões, a violência e a "seriedade" da "vida comum", mas estas são uma paródia de seus originais, e, quando refletidas novamente na "vida comum", têm o efeito de diminuir sua "seriedade" ao reduzir a importância das finalidades perseguidas.

Há, sem dúvida, um componente "lúdico" na maioria das nossas atividades: nos negócios e na religião. E sempre que insistimos no modo, e não no resultado, estamos, portanto, "jogando". Mas,

---

[14] Ver J. Huizinga, *Homo Ludens*.

em nenhuma outra parte, esse componente se apresenta de maneira mais clara que nos diversos níveis da atividade política, na condução dos assuntos domésticos, na administração da justiça, na diplomacia e na guerra. Quão grande e significativo é o reconhecimento de um "jogo" local dependerá, é claro, de nossa interpretação do detalhe dessas atividades, mas, em qualquer interpretação, esse componente se destaca tanto na administração da justiça quanto na condução do governo parlamentar. Para ambas as atividades, há lugar e tempo específicos, que as separam do mundo exterior. As pessoas envolvidas nessas atividades desempenham um papel que distingue seu comportamento dos demais lugares: seus movimentos estão em conformidade com um ritual e sua maneira de falar está protegida por privilégios especiais e determinada por regras exatas. Os amigos aparecem como oponentes; há disputas sem ódio e conflitos sem violência; a vitória é subordinada a regras e convenções aceitas; considera-se legítimo ganhar uma discussão mediante a exploração engenhosa do procedimento, mas a inobservância do rito (ainda que de maneira inadvertida) desqualifica o participante; e o conjunto está inserido em uma convenção que permite a vitória pelas palavras e de nenhum outro modo.

Em tudo isso, há muitas coisas alheias à política da fé. Esse estilo de governo é preeminentemente "sério". A atividade política se aproxima da "vida comum", e o resultado é mais importante que a forma como é alcançado. O debate é argumento, não uma conversação; e, quando a direção da atividade é determinada, não há lugar para a "oposição". Todas as características do governo europeu moderno que consideramos lamentáveis do ponto de vista da fé são aquelas que pertencem ao componente da "ludicidade"; sempre que nossa política se voltou decisivamente para a fé, esse componente tem sido reduzido ou suprimido. Por outro lado, o componente do "jogo" é o que representa preeminentemente o ceticismo: de fato, pode ser identificado com o estilo cético. A atividade política é reconhecida como uma atividade limitada, distinta da "vida comum". A insistência na formalidade na condução dos assuntos; o resultado final subordinado à forma de alcançá-lo; a compreensão do debate como conversação e não como um parceiro perpétuo na atividade de governar; o reconhecimento dos instrumentos (tais como as decisões da maioria) como simples convenções oportunas; a compreensão da importância limitada da vitória – todas elas são, ao mesmo tempo, características da política do ceticismo e da política como "jogo". E o cético continuaria a observar que a relação entre o governo e as atividades de seus governados, em muitos aspectos, é a que existe entre o "jogo" e a "vida comum". Governar não é o assunto "sério" de impor determinada direção às atividades, provendo-a com energia e um objetivo; governar significa fornecer às atividades correntes meios fáceis e continuamente apropriados para resolver as dificuldades geradas por sua concentração apaixonada e exclusiva para si mesmas, diminuindo, então, a violência do impacto de uma atividade sobre outra. É óbvio que isso não pode ser feito sem uma dotação de poder. Mas o cético assinalará que o poder necessário é pequeno e que a maneira como é exercido, sua formalidade e moderação, é, em si, uma crítica irônica do excesso e da concentração das atividades que controla.

Portanto, os polos da nossa política podem ser reformulados como "sobriedade" e "jogo". "Sobriedade" e "jogo" são oponentes e também parceiros, da mesma forma como a fé e o ceticismo são tanto inimigos como amigos. O ceticismo representa o extremo do "jogo", e sua nêmesis (quando está sozinho, privado do influxo modificador da "sobriedade") será aquela que corresponde ao caráter do "jogo".

Há certa exuberância extemporânea que tende a surgir com a exatidão própria do "jogo": uma disposição a exagerar as coisas. Mas isso não é o presságio de um colapso; trata-se apenas de uma manifestação da liberdade que esboços exatos permitem; é o *jogo* dentro do "jogo". Quando surge a paixão pelo triunfo, todavia, o encanto é desfeito e o "jogo" termina. No entanto, embora isso seja um fracasso, não é uma autodestruição. A autodestruição do "jogo" é a letargia que se apodera do jogo quando um dos jogadores é totalmente indiferente ao triunfo. Concedemos alguns pontos porque vemos que nosso oponente gosta de ganhar; mas tudo sem nenhum propósito. A apatia se dissemina, o "jogo" se desmorona e a partida colapsa. No "jogo", propriamente falando, a vitória e a derrota são irrelevantes; mas, sem a ilusão de que ganhar é importante, o "jogo" é impossível. Essa é a nêmesis do jogo: a crença de que não há *nada* sério na mortalidade. Mas, assim como a ironia do ceticismo pode resgatar a fé do fracasso típico de seu caráter irreprimível, o influxo da fé, a ilusão de que há uma vitória a ser conquistada (e não um recurso ao extremo da fé), resgata da autodestruição um estilo de política disposto a reduzir a atividade de governar a um mero "jogo".[15]

IV

Dizer que cada estilo de governo, quando opera sozinho, é autodestrutivo, sendo que o que pode salvá-lo é algo que o outro estilo é capaz de fornecer, talvez seja apenas uma maneira pitoresca de dizer que a fé e o ceticismo, na política europeia moderna, não são meramente oponentes, mas também parceiros. Nossa investigação sobre a nêmesis de cada um desses estilos reforça a visão de que não são, propriamente falando, modos alternativos de governar e de compreender a função do governo, mas os polos do movimento interno da nossa política.

Esse aspecto revelou também uma característica da fé e do ceticismo que, até o momento, embora perceptível, não havia sido ainda devidamente apontada, isto é, o fato de que os dois estilos não combinam exatamente um com o outro. Eles se opõem, mas a oposição

---

[15] Cf. Shaftesbury, *Characteristics* (2. ed.), vol. 1, p. 74.

é oblíqua; são parceiros, mas não possuem exatamente a mesma posição. Essa desigualdade se declara de maneira inequívoca apenas quando consideramos as incapacidades respectivas da fé e do ceticismo de funcionarem de maneira isolada.

A autodestruição é uma característica necessária da política da fé. Não quero dizer que, em longo prazo, a busca desse estilo de governo levará uma comunidade inevitavelmente à destruição, especialmente uma comunidade como as que existem na Europa moderna; isso pode ocorrer, mas não é o caso. Quero dizer que esse estilo de governo é intrinsecamente contraproducente. Por outro lado, a política do ceticismo padece apenas de uma inclinação contingente para a autodestruição: quando opera sozinha, permanece instável. Consequentemente, enquanto o influxo do ceticismo pode resgatar a fé da autodestruição inevitável, o influxo da fé salva o ceticismo apenas de uma provável autodestruição.

Se a política do ceticismo representasse a mera anarquia, então esse estilo de governo seria intrinsecamente autocontraditório e tão plenamente dependente da fé como, de fato, esta o é do ceticismo: a anarquia e a fé, quando operam sozinhas, representam, cada uma a seu modo, a abolição do "governo". Mas o ceticismo não é anarquia; não está sequer inclinado à anarquia. E, em virtude de estar livre dela, escapa de uma autodestruição inerente como estilo de governo. Os defeitos de suas virtudes são graves e, caso operassem de maneira plena, seguramente não seriam melhores que um estilo claudicante de política, mas não é necessário que isso ocorra. Em grande parte, a inadequação do estilo cético às comunidades da Europa moderna (seu maior fracasso) é uma inadequação a uma condição que não favorece a si mesma, a saber, uma condição de "emergência" e de "guerra". É verdade que, nas comunidades europeias modernas, a "guerra" deve ser considerada uma condição normal em vez de anômala, mas isso não é (pelo menos no que diz respeito aos grandes conflitos) uma consequência do caráter das próprias comunidades, mas do fato de que sua atividade política tem sido guiada, com frequência e por longos períodos, na direção agressiva da fé. Os principais conflitos dos tempos modernos foram religiosos, ou um produto da busca da "perfeição" entendida como a máxima exploração dos recursos do mundo, ou em defesa da "perfeição" como "segurança". Um estilo de governo que não está disposto a reconhecer tal condição nem está preparado para atendê-la é suscetível ao fracasso cada vez que apareça, e pode-se dizer que é inadequado se, sendo provável que a condição ocorra, não faz nada para encorajá-la.

Além disso, o excesso, a ausência de autolimitação, típico do estilo da fé quando opera sozinho, é característico e sempre completo no sentido de que sempre será tão vasto quanto o poder disponível assim o permitir; mas, dado que o ceticismo na política não é anarquia, a autolimitação severa que lhe é característica (e, em virtude da qual, trata-se de uma atividade "moral" e vulnerável) não corresponde a um extremo; não se limita até o desaparecimento. O estilo da fé, quando está sozinho, não é suscetível a graus, ou seja, não há mais ou menos: está sempre no limite do seu esgotamento, sendo incapaz de uma autocrítica que lhe permitiria defender-se de seus próprios excessos. Como vimos, trata-se da política da imortalidade, que se ergue para a eternidade. Mas o estilo cético, mesmo quando está sozinho, é capaz de certa autocrítica; há um limite reconhecido com o qual pode comparar suas realizações, desfrutando de alguma reserva e de certa margem para o movimento interno e para a autocorreção. É a política da mortalidade, o que não significa que o alcance da sua visão se confine ao momento presente, porém que tal alcance não é nem curto nem amplo. Tudo é temporário nesse estilo de governo, sendo construído de tal modo que possa ser ampliado ou diminuído à medida que as circunstâncias exigirem; mas há graus de efemeridade, e o que é transitório não é, por essa razão, meramente momentâneo. O governo, no estilo da fé, é uma atividade divina; no estilo do ceticismo, é uma atividade humana, não uma atividade efêmera. Em suma, se considerarmos os polos da nossa atividade política como positivos e negativos, é necessário reconhecer que, embora o estilo da fé represente "tudo", o controle total das atividades que envolvem uma comunidade, o estilo do ceticismo não denota "nada", mas "pouco".

Além disso, a desigualdade entre o caráter da fé e o caráter do ceticismo pode ser formulada em um princípio prático geral: o excesso e a carência não estão equidistantes da média. Como Isócrates observou, e Confúcio antes dele, "a moderação reside na carência antes que no excesso";[16] de fato, a própria carência possui uma média, pois nunca é absoluta. O pródigo pode dispor de tudo o que possui e mais um pouco, contudo, mesmo o avarento precisa gastar algo; o atirador de elite, cujo primeiro tiro fica aquém da marca, pode ver onde a bala caiu e se corrigir, podendo acertar o alvo na próxima vez; mas o atirador cujo primeiro disparo voa além do que a visão pode acompanhar, não está mais perto de acertar o alvo do que se nunca tivesse disparado antes. Quaisquer que sejam as limitações desse princípio, creio que possamos considerá-lo útil quando analisarmos as conclusões que nos é permitido esboçar da compreensão da nossa política.

---

[16] Isócrates, *Ad Nicodem*, p. 33; Confúcio, *Analects*, iv, p. 23.

Capítulo 6 | Conclusão

I

A atividade humana, qualquer que seja, desfruta de um grau de movimento circunscrito. Os limites que o definem são históricos, isto é, são eles mesmos um produto da atividade humana. Em termos gerais, não há limites "naturais" distintos dos limites históricos: aqueles que atribuímos à "natureza humana", por exemplo, não são menos históricos que aqueles que reconhecemos de imediato como provenientes de condições determinadas pela atividade humana. Mesmo aquilo que um homem pode fazer com sua força física é determinado por dispositivos e invenções históricos da humanidade, dos quais nenhuma comunidade careceu. Sendo históricos, os limites não são absolutos, mas em nenhum momento deixaram de ser limites por causa disso. Podem ser amplos ou limitados, mas nunca estão ausentes. O voo da imaginação, o poder do poeta sobre as palavras e as imagens, as hipóteses do cientista, os compromissos e os distanciamentos do filósofo, os projetos e as iniciativas do homem prático, são todos formas de explorar aquilo que é dado ou insinuado na condição do mundo. Desde certo ponto de vista, a civilização se distingue da barbárie por uma amplitude maior e também por possuir limites mais firmes para a realização das atividades.

Assim ocorre com a nossa atividade política e com a maneira como compreendemos os arranjos públicos e cuidamos deles.

O político possui sempre um determinado campo de visão e certa variedade de oportunidades; o que ele pode contemplar, desejar ou tentar está sujeito aos limites históricos de cada situação. A fim de compreender sua atividade, é necessário considerar, primeiramente, o campo pelo qual ele se movimenta, as escolhas que lhe estão disponíveis e as iniciativas que ele está apto a promover. De fato, até que entendamos isso, qualquer outro juízo que formulemos acerca de sua atividade – juízos de aprovação ou reprovação, por exemplo – tenderá a carecer de força e relevância. Os limites desse campo, como os de qualquer outro, não estão, sem dúvida, fixados para sempre; são históricos e, portanto, estão sempre em movimento, contraindo-se e expandindo-se. No entanto, em alguma ocasião encontram-se relativamente fixos, e a própria contração e expansão jamais são fortuitas ou ilimitadas, são sempre a exploração de insinuações. O político mais livre é aquele cujo conhecimento profundo das oportunidades e dos limites de sua situação histórica torna prontamente disponível para si não apenas algumas das insinuações dessa situação, mas todo o conjunto de possibilidades, e, ao mesmo tempo, não o estimula a tomar iniciativas que não tenham fundamento em suas circunstâncias.

Nas condições da Europa moderna, a atividade política é um movimento dentro de certo campo de possibilidades históricas. Durante esse meio milênio, essas possibilidades se expandiram em algumas direções e se contraíram em outras: o que se pode contemplar agora é, em alguns aspectos, um campo de atividade menor, e em outros, maior que há quinhentos anos. Contudo, tais contrações e expansões são relativamente insignificantes. A amplitude do movimento interno permanece fundamentalmente inalterada: pode-se afirmar que a história moderna foi inaugurada por uma expansão peculiarmente grande e rápida das possibilidades políticas e, então, seu curso tem sido a exploração cada vez mais completa de um campo que se abriu. Compreender a política da Europa moderna é, em primeiro lugar, reconhecer o alcance característico de seu movimento. Em outras palavras, a atividade política na Europa moderna consiste em explorar as disposições que pertencem ao seu "caráter" político – ter que se distingue por certa margem de movimento interno.

Denominei, respectivamente, política da fé e política do ceticismo as duas disposições em que se agruparam os impulsos do caráter político da Europa moderna. De certo ponto de vista, são compreensões e estilos "ideais" de governo opostos não diretamente entre si, mas de maneira oblíqua. E a política da Europa moderna tem se inclinado de com mais frequência para em uma ou outra direção em vez de repousar em um ou outro extremo. No entanto, sempre desse ponto de vista, a política da fé e a política do ceticismo são estilos de governar excludentes, e as tendências do governo nos tempos modernos têm sido uma *concordia discors* dos dois estilos.

Mas não são meramente dois estilos opostos de política, nem os extremos dos quais nosso caráter político é capaz, barreiras inertes que ele pode, de tempo em tempo, encontrar e que não pode ultrapassar. De forma mais apropriada, essas disposições são as "cargas" dos polos de nossa atividade política que exercem um influxo que se faz sentir em toda a amplitude do movimento. Nossa atividade política tem sido, a todo instante, mesmo quando avançou muito em uma ou outra direção, o resultado desses dois impulsos e não apenas da consequência de um deles. Portanto, a política da fé e a política do ceticismo não são, propriamente falando, estilos de governo alternativos; fornecem imediatamente os limites e o ímpeto do nosso movimento político. O alcance característico do movimento não está condicionado por esses extremos da mesma maneira que estaria se fossem meramente seus limites. Além disso, essa polaridade legou à nossa atividade política sua ambivalência peculiar e, ao nosso vocabulário político, sua ambiguidade característica. Se não houvesse a oportunidade de movimento interno, não haveria ambiguidade; se o movimento interno fosse governado por outros extremos, a ambiguidade seria diferente do que é.

Essa é, portanto, a natureza do movimento político na Europa moderna, sendo esses os limites que possui e que o inspiram: é o nosso dilema. Resta agora considerar quais conclusões podemos extrair dessa visão sobre a nossa situação política. E, em particular, devemos considerar se não há uma maneira adequada de atuar segundo esse caráter político.

II

Nosso primeiro impulso, sem dúvida, será concluir que, seja qual for a utilidade prática da ambivalência e da ambiguidade, estaríamos muito melhor caso a maneira complexa de política fosse reduzida à simplicidade. Tudo aquilo que perderíamos em riqueza e diversidade, poderíamos recuperar com a ausência de distração: é tão insensato esperar a complexidade sem a ambiguidade quanto esperar que o fogo aqueça, mas não queime. E a imposição da simplicidade ao nosso caráter político teria a virtude de privar a política da exagerada importância que passou a receber: acredita-se que a política seja importante, em grande medida, porque é difícil, e é difícil, em grande medida, porque é complicada. Durante muito tempo, essa iniciativa tem sido atraente para os espíritos mais ousados (e, talvez, os mais impacientes), que logo começaram a vê-la como a única maneira segura de corrigir a confusão da moderna política europeia. "E que desordem!", exclama um dos representantes dessa visão no século XVII;[1] e, à medida que o panorama do caos se desenrola diante dele, ele tem uma visão da simetria que pode substituí-lo. Além disso, os admiradores mais recentes de um estilo simples de política poderiam assinalar o êxito de projetos similares em outros campos. A complexidade característica do nosso direito (a consequência de sua linhagem

---

[1] Comenius, *The Labyrinth of the World*.

heterogênea e da ausência da ousadia necessária para descartar o que, de tempos em tempos, pode ser considerado como um mero estorvo) foi notavelmente reduzida nos últimos cento e cinquenta anos. Mas, em geral, os simplificadores do nosso direito obtiveram suas vitórias no campo dos procedimentos e, embora possa haver espaço e oportunidade para reduzir a complexidade de nossos procedimentos políticos, isso mal tocará na complexidade significativa de nossa política. A iniciativa dos reformadores do direito é análoga à simplificação da nossa ortografia, enquanto o projeto de uma política simples é análogo, na magnitude da iniciativa, à simplificação do idioma: restringir ou eliminar o vocabulário e a sintaxe que corresponda, por exemplo, ao "inglês básico" ou (em outro plano) que cria o idioma "inglês" por meio da exclusão de todos os latinismos. Esse é, de fato, o tipo de política simples que o fisiocrata tinha em mente quando conjecturou que "bastaria ter a capacidade e a paciência que demonstra uma criança boa em aritmética para se tornar um bom político e um cidadão verdadeiramente bom".[2]

Desse modo, a tarefa de eliminar a ambiguidade da nossa política, abolindo sua complexidade, não deverá ser realizada sem antes se determinar um padrão simples a ser imposto. A simplificação do procedimento pode ser alcançada apenas pela remoção de alguns dos acréscimos de tempo que perderam seu sentido ou que se tornaram obstrutivos, ou ainda pela exclusão de anomalias evidentes, mas um estilo simples de política exige um tipo de reforma mais radical. A menos que nosso inventor descubra um estilo de política totalmente novo, um artifício comparável a um novo idioma dotado de vocabulário e sintaxe próprios, a escolha que temos diante de nós reside em um ou outro dos estilos que agora nos perturbam. Sem dúvida, a seleção de um e a exclusão do outro eliminariam a ambiguidade do nosso

---

[2] Georges Weulersse, *Le Mouvement Physiocratique en France de 1756 à 1770*, ii, p. 123.

vocabulário político. Esse é o caráter de todas as propostas concretas para suprimir a complexidade da política europeia. O marxismo, por exemplo, é um projeto simplificador desse tipo: obriga-nos a abandonar todos os modos de atividade política, salvo aquele apropriado para certa versão, a versão baconiana da política da fé. O desígnio do comunismo consiste em simplificar não apenas a atividade política, mas todas as atividades; todos os problemas são reduzidos a um só problema. Talvez seja o único plano para a simplificação da política europeia em que se percebe claramente a inadequação que resulta um estilo de política simples em uma sociedade complexa. É o modelo ideal de todos os estilos simples de política, e sua linhagem pode ser rastreada até os primeiros projetos para eliminar a complexidade nos séculos XVII e XVIII.

No entanto, nossa interpretação da política europeia moderna sugere razões conclusivas para acreditar que um estilo simples de política não é meramente inapropriado para o caráter das comunidades europeias modernas, mas é inerentemente condenado ao fracasso: é uma fuga das consequências da complexidade que não leva a lugar nenhum. Se a escolha reside (como de fato ocorre) entre um dos dois estilos correntes que compõem a nossa forma complexa de atividade política, trata-se da escolha de Hobson: ao escolher qualquer um, estamos exigindo dele algo que não pode fornecer. Pois, como vimos, a política da fé e a política do ceticismo não são estilos de política alternativos, mas as "cargas" dos dois polos por entre os quais a política europeia moderna se movimenta e se movimentou durante quase quinhentos anos. Cada estilo, em abstrato, pode deter a virtude da simplicidade; mas nenhum deles, como os conhecemos, é capaz de ser, por si só, um estilo concreto de atividade política. Observamos como seria o caráter de cada um se fosse dissolvida sua parceria com o outro. A fé simplificaria a política ao aboli-la; e os vícios de um ceticismo não alterado pelo influxo da fé poderiam destruí-lo em breve. Portanto, é possível concluir que não podemos escapar do nosso dilema impondo a simplicidade a nossa política; não há nenhuma insinuação, a não ser um modo complexo de atividade política. A tarefa consiste em encontrar algum recurso para nos acomodarmos à complexidade que herdamos e que agora não podemos evitar sem cairmos na falsa esperança de descobrir um mercado em que possamos trocá-la pela simplicidade.

III

Sendo o caráter da nossa política aquilo que é – inevitavelmente complexo –, devemos aprender a explorar suas virtudes. E não há dúvida de que poderíamos aproveitar suas virtudes mais plenamente, evitando seus vícios de uma maneira mais adequada, se nos afastarmos dos extremos e passarmos a explorar a área central que reside entre eles. De fato, a característica proeminente de um estilo complexo de política é a oferta de uma região intermediária habitável, na qual podemos escapar dos extremos autodestrutivos. Assim, sentir-se cômodo nesse estilo significa observar o que poderíamos denominar a média na ação.[3] Seu princípio é: *il faut jamais outrer*.[4] Não se trata de um princípio alheio, imposto de fora por alguma crença arbitrária de que a virtude, em todo lugar, é a média entre os extremos. Essa crença pode ser correta; mas, aqui, o ponto médio é um princípio divulgado pelo próprio estilo complexo da política; se a nossa política não fosse complexa e, ainda assim, apontasse de maneira inequívoca em uma única direção, então esse princípio seria absurdo. Além disso, na medida em que aceitarmos a política europeia moderna pelo que ela é, e não negarmos metade do seu caráter, veremos que se inclina a ocupar

---

[3] Tomo essa expressão do filósofo confucionista Tzu Szu, que, de maneira apropriada para o meu propósito, contrasta-a não apenas com o excesso na ação, mas também com o absolutismo do "conhecimento".

[4] "Não exagerar jamais." (N. T.)

essa região intermediária; ela somente a abandona quando um ou outro dos polos da nossa política não consegue exercer seu influxo. O princípio do ponto médio, portanto, é inerente a um estilo complexo de política, sendo salvo da obviedade por uma noção clara de tais extremos. Além disso, deve-se observar que, nesse caso, a média não é um ponto fixo; o princípio da média na ação não priva nossa política do movimento interno nem impõe simplicidade. Um estilo complexo de política somente pode ser imobilizado quando repousa em um de seus horizontes, deixando de ser complexo; a média não é um ponto central de repouso, mas uma região intermediária de movimento.

Há uma passagem na história da nossa política que ocorreu apropriadamente no momento em que estava inclinada a percorrer de um extremo a outro, isso no fim do século XVII e início do século XVIII, quando o princípio da média na ação surgiu pela primeira vez em toda a plenitude. É uma passagem que não tem nada do encanto da política levada a um extremo ou das causas abraçadas com paixão, mas que revela o caráter concreto de uma política complexa de modo mais inequívoco que qualquer das situações mais espetaculares. Não surgiu pela falta de paixão de nenhum dos lados, nem constituiu um simples exemplo da política do marasmo. O entusiasmo não foi censurado, mas posto em seu devido lugar.

A fé havia alcançado triunfos impressionantes e seus avanços terminaram caracteristicamente em um beco sem saída. (Seus defensores não estavam conscientes do que havia ocorrido, de modo que seguiram anotando os êxitos: acreditava-se, sobretudo na França, que a fé tinha um "futuro esplêndido por trás disso".) Nesse momento, a impressão era a de que o ceticismo havia recebido uma vingança poderosa. Mas as coisas não terminaram assim; o movimento arrefeceu. E, na reflexão que se seguiu, surgiu o princípio político da média na ação. Muitas vozes foram ouvidas, e entre seus participantes mais notáveis estavam Locke, Berkeley, Shaftesbury, Halifax, Boyle, St. Evremond, Fontenelle e Hume, além de mentes sagazes (como Mandeville) que contribuíram com seu senso de humor. Eles não formavam um partido político; tampouco pertenciam a uma única nação, nem foram os primeiros a perceber o caráter da política moderna; utilizaram, em grande parte, pensamentos de outros que haviam estado antes, e suas visões eram naturalmente limitadas pela situação imediata. O diálogo não se restringia à política, abarcando todo o campo da conduta humana. Foi um fato desafortunado, pois o princípio político da média na ação acabou sendo ofuscado no meio da desaprovação geral do excesso e do "entusiasmo" e na defesa geral da "moderação" e do "bom humor" em todas as relações humanas. A atividade política, o cuidado dos arranjos públicos de uma comunidade, dificilmente foi percebida como um tipo específico de atividade, sendo que o princípio da moderação, que deveria ter sido detectado no caráter da política moderna, apareceu como se fosse um princípio político porque era, em primeiro lugar, um princípio geral da conduta humana. No entanto, apesar da confusão, a noção da média na atividade política não foi perdida. Na Inglaterra, um indício havia surgido na Lei de Indenização e Esquecimento de 1660, com o argumento de que a nação deveria ser trazida de volta para "seu antigo bom humor"; mas pouco foi obtido. No entanto, a média na ação foi exposta, com notável destreza, no *The Character of a Trimmer*, de Halifax, embora não se sustentasse por si só; essa foi uma das muitas tentativas de induzir o princípio da "moderação" das condições da política moderna, e o "estivador" (*trimmer*), sem dúvida, existiu como um homem antes de tornar-se um "personagem".

Halifax era um cético político, como seus companheiros também o eram, em diversos graus, nessa iniciativa. Mas não é de surpreender que tenham sido os céticos os primeiros a descobrir o princípio da média na política moderna. Pois, embora o estilo cético seja em si mesmo um extremo, sua extremidade não consiste em impor um padrão único de atividade a uma comunidade e, consequentemente, desfruta (como vimos) de uma tolerância característica, que insinua uma doutrina mais ampla da moderação. Entretanto, o que Halifax nos oferece em *The Character of a Trimmer* não é uma doutrina do ceticismo, mas uma doutrina da moderação. Sua única desvantagem era a percepção imperfeita da polaridade essencial da política moderna, derivada da sua preocupação com as peculiaridades da época: os extremos por entre os quais sua média se encontra são os da "autoridade" (ou "monarquia") e da "liberdade" (ou *commonwealth*), e estes, por causa de sua ambiguidade e referência local, não são os horizontes genuínos da política moderna e estão do lado da fé e do ceticismo.

Dessa forma, o princípio da média na ação representa a virtude de explorar o campo intermediário de nossas oportunidades políticas, a faculdade de não tomar as palavras do nosso vocabulário político na maior extensão possível. O "estivador" é aquele que aproveita seu peso para manter o barco em equilíbrio. Nossa observação acerca de sua conduta revela certas ideias gerais em curso. Ele se preocupa apenas com o movimento interno da política; sua noção de política (como diz Halifax) é simplesmente que "tudo sairá bem se o barco estiver nivelado". Isso não ocorre porque ele necessariamente compartilha a dúvida do cético acerca da existência de algum movimento que não seja interno, mas porque acredita que qualquer outro movimento deva ser abandonado à própria sorte: reconhecer o movimento "progressivo" como a preocupação direta do governo equivale a seguir a política da fé. Temeroso de que a política caminhe em direção aos extremos, acredita que há um tempo para tudo e que tudo tem seu tempo – não de forma providencial, mas empírica. O estivador deverá mirar em qualquer direção que a situação exija para que o barco se nivele. Todavia, suas mudanças de direção não serão frequentes, repentinas nem grandes; pois as mudanças que seu movimento trata de contrabalançar não são, na maior parte, frequentes ou repentinas. Além disso, reconhecerá a necessidade de que outros mirem em uma direção diferente da sua: a média na ação nunca será alcançada por um movimento geral em um ou em outro sentido; de fato, tais movimentos são exatamente o que a média na ação trata de excluir. Um pequeno movimento, se oportuno, será menos desconcertante que um grande movimento em uma etapa posterior. O estivador pode considerar que o curso da política moderna permite algumas generalizações grosseiras. Por exemplo, é de esperar que os jovens sejam mais sensíveis a certo tipo de insinuação em nossa política, inclinando-se naturalmente na direção da fé, enquanto os mais velhos reconhecem mais facilmente outras insinuações, tendo afinidade com a desconfiança prudente do ceticismo. Assim, compreenderão os diferentes grupos e setores em sua comunidade, no tocante a suas disposições naturais e históricas, considerando que qualquer pessoa seja capaz de dar uma contribuição.[5] Nem Dionísio nem Apolo, mas cada um em seu lugar e em seu momento. Também considerarão provável que uma comunidade relativamente simples seja dominada com mais facilidade pelas perspectivas que o estilo de fé parece oferecer em relação a uma comunidade que desfruta de uma diversidade confinada e bem estabelecida de direções de atividade, em função da qual irá dispor suas expectativas e seu peso em conformidade. Observarão o sucesso com suspeita e darão seu apoio mais prontamente à fraqueza que ao poder; dissentirão sem dissidência e aprovarão sem se comprometerem irrevogavelmente. Na oposição, não negarão o valor daquilo a que se opõem, mas somente sua inadequação; seu apoio traz consigo somente o juízo de que o que apoiam é oportuno.

Portanto, o estivador, personagem político que corresponde a uma forma complexa da atividade política, é um "servidor do tempo".

---

[5] Para Pascal, que constatou esse princípio em relação aos polos representados pelos jesuítas e pelos jansenistas de sua época, o princípio surgiu como um dever de "professar duas verdades opostas". E, embora reconhecesse que a situação o obrigava a apoiar um em lugar do outro, acabou, no fim, sofrendo a repulsa que atinge todo homem honesto que se vê empurrado para um extremo que não deseja ocupar. *Pensées*, p. 865; cf. Montaigne, *Essais*, III, p. xi.

Possui uma afinidade mais próxima com o ceticismo que com a fé, mas possui uma vantagem sobre o cético em sua capacidade de reconhecer a mudança e a emergência. Suas necessidades são conhecimento e ponderação: conhecimento da polaridade da política na qual ele se movimenta e ponderação para reconhecer as ocasiões e as direções apropriadas de movimento. E, se há algo a ser adicionado a seu caráter, é isto: seu lugar natural não é necessariamente um partido intermediário. Frequentemente, os partidos do centro levam o crédito pela moderação, mas, muitas vezes, trata-se de uma moderação espúria que não tem nada a ver com a média na ação. Exercendo seu poder para conservar um equilíbrio entre os extremos dos partidos correntes, que não se espera que correspondam aos horizontes essenciais da nossa política, geralmente demonstram menos autocontrole que os próprios extremos.

Em uma palavra, a política da média na ação é a adequação. Haverá polaridades menores e subsidiárias que, ocasionalmente, atraem nossa atenção e governam nossa conduta;[6] mas, em última instância, a adequação deve ser julgada em relação àquilo que se tornou a principal polaridade da nossa política: para a política da Europa moderna, os horizontes relevantes são a fé e o ceticismo.

IV

Se essa consideração dos fatos tem algum mérito, é o de servir como um guia para o raciocínio político: ela nos oferece um modo de pensar sobre a nossa política. Suas limitações são óbvias: não provê respostas seguras para nenhuma das perguntas que surgem quando refletimos sobre a política, e há questões que requerem um contexto

---

[6] Halifax, Burke e Tocqueville são exemplos notáveis da aplicação desse princípio em relação ao local e ao subsidiário.

diferente (ou mais estreito) para serem formuladas de uma maneira que permita uma resposta. De todo modo, oferece uma estrutura dentro da qual podemos colocar nossas ideias para trabalhar. Isso nos permite ordenar algumas das questões mais importantes, dando-nos uma noção prévia da forma que uma resposta deve ter para que se possa chegar a uma conclusão relevante. Além disso, não é insignificante a ajuda que esse tipo de raciocínio proporciona, mesmo quando estamos considerando movimentos cotidianos da política. Minha afirmação é que, se um político precisar de mais que uma disposição beneficente, uma fonte de senso comum e uma imaginação para prever os movimentos de seus oponentes, o que ele necessita não é uma doutrina que dê soluções infalíveis para seus problemas nem uma ideia meramente geral da atividade política, mas algo entre os dois: uma visão da sua situação, seus limites e suas possibilidades, da forma como estivemos investigando. Na falta disso, perdemos qualquer senso de direção política, e o intercâmbio de opiniões políticas seguirá sendo tão infrutífero como costuma ser.

Nessa visão do nosso dilema político, como devemos interpretar a situação atual e a que conclusões isso nos leva? Suponho que a conclusão mais óbvia que surge dessa maneira de pensar sobre o que está ocorrendo é que a política da fé está em ascensão. O convite ao poder provou-se irresistível; a ambição de governar nos tem oprimido. Se ocorresse apenas que os governos e os partidos que estão no poder em todas as partes tivessem seus olhos voltados para a direção desse extremo, seria um exagero dizer que a política da fé se estabeleceu como o estilo favorito. O fundamento dessa observação é que nenhum regime pode esperar permanecer no poder, nenhum partido pode esperar ser ouvido, se pelo menos não aparenta olhar nessa direção. O programa de cada partido está escrito na linguagem da fé; a iniciativa de cada governo é concebida no idioma da fé. E o presente político mais notável da Europa para o mundo não são as instituições representativas nem o governo "popular", ou mesmo qualquer forma de governo, mas a ambição e a inspiração para governar e ser governado no modo da fé. Tampouco se trata de uma mudança que as coisas tomaram de maneira súbita ou muito recente: o século XVII teve suas aventuras nessa direção, e a maré tem crescido assim há pelo menos cento e cinquenta anos.

Há observadores que tomam isso como um sinal de aprovação providencial do estilo; se não atribuem a ascensão da política da fé à bênção de Deus ou à graça da História, encontram nela a prova de seus méritos inerentes ou de sua peculiar adequação à situação contemporânea. Sem dúvida, é inevitável que seja pertinente no que se refere para algumas características da nossa situação; na medida em que a própria situação veio a ser condicionada pela ascensão desse estilo de governo, é de esperar que assim o seja. No entanto, está claro que essa crença na beneficência absoluta da política da fé pertence a outro modo de refletir sobre a política, distinto do que venho buscando. Basta recordar a geração, o caráter e a "forma" desse estilo de governo a fim de perceber que aqueles que o apontaram como favorito infelizmente julgaram mal. A linhagem pelo poder cheio de esperança apaixonada não é dotada de razão; por mais estranho que pareça, a força bruta aliada à mera rapidez nunca gerou uma criatura satisfatória. Não resta dúvida de que, em algumas pistas, ganhará uma ou duas corridas curtas; é claro, há condições que favorecem suas chances; é capaz de fazer uma boa arrancada, mostrar grande velocidade a cerca de três *furlongs*[7] e se sair bem nas descidas. Mas, ao longo da corrida, esse candidato ao grande prêmio está destinado a decepcionar.

A atividade política da Europa moderna, na perspectiva que adotei para ela, é um movimento entre dois polos, sendo que a política da fé é somente a "carga" de um desses polos. É um estilo de governo extremo que, quando opera sozinho, resulta autodestrutivo. Quanto

---

[7] O *furlong* é uma unidade de comprimento do sistema imperial de medidas; três *furlongs* equivalem a aproximadamente 200 metros. (N. T.)

mais decisivamente nossa atividade política é atraída para esse extremo, mais plenamente será contraproducente. Além disso, se ainda não nos convencemos da incapacidade que uma simples análise do seu caráter é capaz de comprovar, será impossível permanecer impassível diante do caráter que a atual ascensão da fé legou a nossas políticas. Quando consideramos o impulso à "perfeição", que se tornou o principal guia para a atividade política europeia, a sublime confiança que está nos afastando tão rapidamente de um passado ignorante e que agora felizmente se encontra em ruínas, ou a fé de que a história significativa é a crônica da operação desse impulso e que tudo que o impede é maligno e está em processo de ser expelido para sempre; quando consideramos o modo como seus servos fiéis, emocionados por terem tirado quatro ases, apostam de imediato o máximo, pensando que não importa como joguem a mão; quando consideramos com que esperanças uma nação atrás da outra se estabeleceu nessa direção, com sua atenção fixada naquilo que poderia ser colhido no caminho e sem reparar a nêmesis que a espera no final; e quando consideramos que tudo isso não se baseia em nada moralmente mais substancial que o poder que o possibilitou – talvez possamos nos perguntar se não devemos considerá-lo como um caso de sonambulismo, ou como uma aberração antes que uma peregrinação.

Mas essa não é exatamente a imagem que o raciocínio que estamos praticando propõe. Essa passagem na história da nossa política não é uma mera aberração, nem é (como considera a si mesma) uma orientação final: trata-se de uma fuga em direção a um dos extremos de que nossa política complexa é capaz. Nesse instante, todos os defeitos desse extremo se revelaram de maneira inconfundível. As aventuras anteriores nessa direção somente insinuavam o que agora se revela, pois estavam impulsionadas por um poder menos extenso e controladas por um ceticismo mais vívido. Consequentemente, a mera denúncia está fora de lugar. Devemos reconhecê-la não em seus próprios termos, como uma simplificação final de nossa política, mas como a busca exclusiva de uma de suas potencialidades. E o fato de *não* buscá-la não equivale a ser um "reacionário" nem a confessar uma traição.

Em um modo complexo de política, resulta apropriado, sobretudo, que a atividade política conserve sua liberdade de movimento afastando-se perpetuamente da lembrança de qualquer extremo que ameace destruí-la. Chamei de "estivador" o homem que tem isso no primeiro plano de seu entendimento. Sua tarefa na situação atual é clara. Em primeiro lugar, trata-se de voltar a compreender a complexidade da política moderna. Nas circunstâncias atuais, essa é, talvez, sua tarefa mais difícil: a ascensão da fé obscureceu e, de fato, quase apagou esse entendimento ao impor uma simplicidade falsa a nossa política. Em segundo, sua tarefa é renovar a vitalidade do ceticismo político para que esse polo da nossa política possa mais uma vez exercer seu influxo. Em terceiro lugar, em sua participação na política, deve acomodar seu peso contra a corrente atual – não para fazê-la fluir para o extremo oposto, mas para levar nossa atividade política para a região intermediária do movimento em que é sensível ao influxo de ambos os polos, não se imobilizando em nenhum dos extremos. E pode fazê-lo com confiança, porque a corrente à qual se opõe não está santificada nem por Deus nem pela História; sua direção não é inevitável e tampouco rentável. Mas, aqui, mais uma vez, é necessário observar que essa terceira tarefa é aquela para a qual há certa margem dentro de cada um dos partidos e alinhamentos da política europeia moderna, todos os quais estão agora profundamente condicionados pela ascensão da política da fé, embora, sem dúvida, uns muito mais que outros. Os movimentos que o "estivador" deverá realizar precisamente dependerão da posição exata em que se encontre, mas, por enquanto, onde quer que esteja, ele se tornará conhecido como partidário do ceticismo e reconhecerá os partidários do poder (onde quer que apareçam) como seus próprios oponentes.

Se essas tarefas só pudessem ser realizadas criando hábitos de conduta até então desconhecidos, bem como ideias até o momento estranhas à nossa política, comporiam uma iniciativa inútil e infrutífera; de fato, essa seria apenas outra forma de dizer que o governo, no estilo da fé, é a única opção para nosso modo de política. Mas não ocorre assim. Por mais que se tenha ocultado a complexidade da nossa política, ela nunca foi eliminada. A esse respeito, a tarefa do "estivador" consiste em resgatar nossa atividade política de um equívoco grosseiro. Na realidade, todavia, há recursos abundantes não corrompidos pela ascensão da fé a que o "estivador" pode recorrer em sua situação corrente. Infelizmente, a versão do governo parlamentar inglês que se espalhou por todo o mundo é a descendência bastarda da fé (o "governo popular" a serviço da perfeição), mas permanecem a serviço do governo os recursos de um ceticismo ainda intato. E, enquanto os escritores que pertencem à grande tradição cética (nem todos, sem dúvida, são céticos inabaláveis) – Agostinho, Pascal, Hobbes, Locke, Halifax, Hume, Burke, Paine, Bentham, Coleridge, Burckhardt, Tocqueville, Acton –, embora por algum tempo, tenham sido deslocados em favor popular pelos gurus da fé, apenas aguardam para ser lembrados e reinterpretados. É talvez possível que ninguém seja capaz de falar diretamente a essa geração, mas, nesse sentido, estão mais bem posicionados que os apóstolos da fé, os quais, durante dois séculos, simplesmente repetiram a si próprios. Em minha opinião, não há ponto de partida melhor para uma tentativa renovada de compreender e modernizar os princípios da tradição cética em nossa política que um estudo de Pascal e Hume.

V

Resta considerar como essa visão das coisas, esse tipo de raciocínio político, contribui para nossa compreensão e administração da ambiguidade do nosso vocabulário político.

Em qualquer interpretação da política da Europa moderna, a ambiguidade da linguagem é suficientemente notável para ser investigada e, na nossa interpretação, surge como símbolo do que é mais característico nesse momento: trata-se de um reflexo da ambivalência de nossas atividades políticas. Por isso, não deve ser entendida nem como uma invenção do diabo para nos fazer ver duplicado e confundir nossa lealdade, nem como sinal de derrota ou fracasso, nem, mais uma vez, como simples corrupção descuidada ou falsa dos significados apropriados das palavras. Pelo contrário, tal ambiguidade é intrínseca em nossa política e proporciona uma das provas mais convincentes de que a política da Europa moderna é complexa e não simples: se insinuasse uma única direção, se já estivesse imobilizada ou em processo de aderir a um dos seus horizontes, sem espaço para movimentação, não haveria nenhum movimento intermediário e, então (e por causa disso), nosso vocabulário seria inequívoco. Além disso, essa interpretação da nossa política, ao revelar os extremos históricos que limitam e regem as direções aceitas na política europeia moderna, revela também o caráter preciso da principal ambiguidade da nossa linguagem. Por estarmos presos entre direções particulares, as palavras em nosso vocabulário político chegam a possuir uma gama particular de significados e, portanto, tornam-se ambíguas.

A primeira conclusão que proponho é que somente podemos eliminar essa ambiguidade da política pela imposição de um caráter simples (uma única direção da atenção) que atualmente não possui. Mas, dado que as simplificações disponíveis são como são, a imposição de um caráter simples não apenas é impossível, como também indistinguível do fracasso. Em algumas circunstâncias, uma única maneira de fazer política pode existir e ser apropriada; mas, em nossas circunstâncias, envolve sua imobilização em um dos extremos, nenhum dos quais é capaz, por si só, de fornecer uma maneira concreta de atividade política. Em suma, a iniciativa de simplesmente remover a ambiguidade do vocabulário político da Europa moderna é uma quimera.

Nossa interpretação da política moderna nos deixa algo mais que essa conclusão negativa. Chama nossa atenção para os benefícios práticos dessa ambiguidade: seu poder de modificar a violência dos extremos em nossa política e de mediá-los entre si. Sem dúvida, há perigos na exploração desse benefício, mas este oferece também uma oportunidade a ser desprezada apenas por aqueles que, certos da propriedade de buscar a "perfeição" e seguros da direção em que ela reside, são descuidados de tudo pelo caminho: apenas a política da fé crê que a ambiguidade não tem importância. Sentir-se cômodo com um modo complexo de política e saber como gerenciá-la é poder aproveitar os benefícios práticos da ambiguidade sem permitir que ela dê lugar a confusões intelectuais. Se a atividade política fosse um argumento destinado a elucidar ou "provar" a verdade das proposições, isso seria difícil; mas não ocorre assim na Europa moderna. A política é uma conversação entre interesses diversos, em que atividades que circunstancialmente se limitam de maneira mútua são salvas da colisão violenta; nesse caso, as palavras que têm certa amplitude de significado (aquelas que detêm uma gama contínua de significados nos quais os extremos são mediados reciprocamente) podem servir-nos, às vezes melhor que um vocabulário científico destinado a excluir toda duplicidade.

No entanto, essa maneira de entender a política moderna não aplaude simplesmente a ambiguidade de nossa linguagem política, tampouco a deixa totalmente incólume. Ter notado o terreno e a amplitude da ambiguidade significa privá-la de algo de seu poder para confundir. Além disso, coloca-nos em posição de reconhecer as diferenças e disparidades significativas e observar as afinidades também significativas.

Consideremos, por exemplo, a palavra "democracia". É uma palavra que se refere a dois conjuntos diferentes de ideias. Denota certa noção do estabelecimento da autoridade ou da constituição do governo: trata-se de uma resposta ao problema da "estabilidade dos magistrados"; significa uma maneira de reunir o poder para estar à disposição do governo e uma maneira de controlar a atividade de governar. A esse respeito, está vinculada a diversas "instituições" denominadas "populares", como parlamentos eleitos e ministros que prestam contas. Mas, em linguagem comum, a palavra também significa outra coisa: a atividade de governar orientada em determinada direção. Em outras palavras, o governo se voltou na direção da fé ou do ceticismo – ambos se apropriam da palavra. Isso é possível porque as instituições "populares" vinculadas ao estabelecimento da autoridade do governo chamado "democrático" podem ser interpretadas em qualquer uma dessas direções. No entanto, está claro que, em primeiro lugar, o que é importante é a maneira de governar, porque é ela que determina o estabelecimento da autoridade ou a constituição de um governo. No caso da fé, as "instituições" são entendidas unicamente no tocante ao poder que são capazes de dotar ao governo, sendo que a virtude das instituições "populares" é sua capacidade de dar ao governo mais poder que qualquer outra. A "democracia" é superior à "monarquia" porque gera mais poder; o "direito divino" não pode competir com um plebiscito como fonte de poder; e toda extensão do direito de voto é vista como uma adição ao poder à disposição do governo. No ceticismo, por outro lado, as "instituições" são entendidas principalmente em relação à capacidade de controlar o governo, e a virtude das instituições "populares" é sua suposta capacidade de fazê-lo de forma eficiente e econômica. A "democracia" é superior à "monarquia" porque protege a comunidade de forma mais eficaz contra projetos compreensivos favorecidos pelo governo; um plebiscito não pode competir com a Câmara dos Comuns como instrumento de controle contínuo sobre o governo; e cada extensão do direito ao voto amplia a autoridade para esse controle.

Contudo, como vimos, a forma como um governo atua no mundo moderno raramente envolve, se acaso envolve, uma questão de "sim ou não". Existe uma escala contínua, determinada por níveis de capacidade de reação que cada regime mostra aos polos por entre os quais todos os governos modernos se movimentam.[8] Consequentemente, a simples defesa ou o mero ataque à "democracia" é uma atividade carente de sentido – vestígio de uma época remota em que os governos se distinguiam apenas em relação à fonte de sua autoridade, pois (devido a uma ausência geral de poder) não havia, na prática, nenhuma possibilidade de diferenciar o modo como atuavam. E a pergunta levantada desde meados do século passado, sobre se as instituições "democráticas" foram feitas para "funcionar", está mal formulada: o que realmente está sendo considerado é se, nas circunstâncias contemporâneas, as instituições "populares" podem resistir inteiramente à política da fé. Ninguém duvida que sejam capazes de impedir que o governo imponha um padrão único de atividade à comunidade. Quando a questão é reformulada dessa maneira, percebemos que não estamos mais fazendo o que pensávamos, ou seja, investigar as qualidades intrínsecas das instituições "populares"; tais instituições não possuem qualidades intrínsecas, podendo operar em qualquer dos estilos correntes de governo. O que realmente estamos considerando são as probabilidades de que o estilo cético recupere sua vitalidade e reestabeleça, em nossas instituições e em nosso modo de governar, sua complexidade obscurecida e sua mobilidade perdida.

---

[8] A Rússia é um exemplo notável da versão baconiana da política da fé, pouco influenciada por alguma consideração modificadora e estabelecida (como era de esperar) em uma comunidade relativamente simples. O que a distingue de aventuras anteriores desse estilo é o poder imensamente maior à disposição do governo; e o que a distingue da maioria dos outros regimes da Europa, que avançaram decisivamente na direção da fé, é o grau com o qual se libertou de qualquer vestígio do influxo do ceticismo. O oposto do atual "comunismo" não é o "capitalismo" (que não é uma forma de governo), mas o "ceticismo".

Quando perguntaram a Confúcio sobre a primeira coisa que faria se fosse designado governante, ele respondeu: "A única coisa necessária é a retificação dos nomes".[9] Com isso, ele quis dizer que "as coisas" nunca poderiam ser "endireitadas", enquanto as palavras permanecessem sendo ambíguas.[10] Obviamente, a observação era apropriada para a política da época, quando o governo não estava sendo pressionado por duas direções opostas. Para nós, para quem a ambiguidade da linguagem é o reflexo da ambivalência da atividade, resulta menos apropriada. Nossa dificuldade envolve o fato de que somente podemos desfrutar de uma maneira complexa de governar ao custo de um vocabulário político ambíguo. Todavia, essa observação não deixa de ter importância para nós mesmos. Se há alguma virtude na forma do raciocínio político que venho investigando, ela reside na aceitação daquilo que é inegável e do melhor uso disso. Ao concentrar nossa atenção em seus fundamentos e em seu próprio caráter, tornamos a ambiguidade do nosso idioma um servo e não mais um amo. E, no caminho, provê um meio para suprimir algumas das confusões menores da nossa maneira de falar sobre a política: conflitos secundários são vistos como secundários e discrepâncias falsas são vistas como falsas.

---

[9] *Analects*, XIII, p. iii.
[10] Ibidem, XII, p. xvii.

Posfácio

*DANIEL LENA MARCHIORI NETO**

A publicação de *A Política da Fé e a Política do Ceticismo* em língua portuguesa cumpre importante papel para difundir a memória e o pensamento de Michael Joseph Oakeshott (1901-1990) no Brasil. Embora ele seja considerado um dos mais proeminentes filósofos conservadores do século XX, reverenciado e revisitado nos mais importantes círculos intelectuais do mundo, seu nome é quase desconhecido pelo público brasileiro – sendo largamente ignorado pelo meio acadêmico especializado. Não resta dúvida de que a ausência de traduções é um fator que obstaculiza a popularização de um autor estrangeiro – até o momento, apenas alguns ensaios e o livro *On History and Other Essays* estão acessíveis em nosso idioma. No entanto, há boas razões para crer que o fato de Oakeshott adotar uma posição autodenominada *conservadora* em política seja o motivo principal para a resistência ao seu reconhecimento como destacado filósofo político.

Há um estigma inegável do que é ser conservador,[1] e Oakeshott conviveu com esse rótulo durante toda a sua carreira.[2] É corrente a assertiva de que todo conservador é, por natureza, uma espécie de *reacionário*, um sujeito *retrógrado* e *moralista*, defensor da

---

* Professor da Faculdade de Direito da Universidade Federal do Rio Grande.

[1] Steven J. Wulf, "Oakeshott's Politics for Gentlemen". *The Review of Politics*, Cambridge, vol. 69, n. 2, 2007, p. 244-72.

[2] Timothy Fuller, "Michael Oakeshott, 1901-1990". *The Review of Politics*, n. 71, 2009, p. 100.

permanência de certos arranjos e costumes de uma forma intransigente e impassível perante qualquer vicissitude do tempo. Há um elemento romântico e quase trágico que delineia esse arquétipo. O conservador é um homem inebriado pela fantasia de um passado repleto de virtudes e que, no momento presente, somente é capaz de enxergar decadência e ruína.

Tal visão, contudo, não encontra nenhuma correspondência na obra de Oakeshott. Em vez de uma defesa nostálgica do pretérito, suas páginas propõem um *diálogo* entre presente, passado e futuro, buscando construir uma proposta original em torno do conservadorismo, libertando-o das "tradicionais amarras com a religião, o historicismo, o moralismo, a hierarquia social e o nacionalismo, ao mesmo tempo que o reedifica sobre uma epistemologia cética e uma teoria da identidade humana cuidadosamente construída".[3]

Oakeshott é peculiar tanto em seu estilo como em suas escolhas. Para ele, é possível conciliar o idealismo de Hegel com o empirismo de Hume. Tratando-se de Thomas Hobbes, vê no autoritarismo do *Leviatã* a gênese do *império da lei* e seu absolutismo como a fundação de um estilo limitado de governo. Admirava a prudência de Burke tanto quanto a arte da conversação em Montaigne. Reconhecia o ceticismo de John Locke, "o mais ambíguo de todos os escritores políticos dos tempos modernos", ainda que identificasse nele o idioma da fé.

Adotou o ensaio como estilo primordial, demonstrando erudição e leveza na escrita. Nenhuma ideia lhe parecia mais valorosa que aquela que pode ser facilmente compreendida por pessoas comuns, e por isso rejeitava a prolixidade do mundo acadêmico e a necessidade de buscar respaldo em autoridades em detrimento do próprio juízo.[4] Seu ímpeto de moderação conteve a ansiedade de responder a seus

---

[3] Bhikhu Parekh, "Algunas Reflexiones sobre la Filosofía Política Occidental". *La Política*: *Revista de Estudios sobre el Estado y la Sociedad*. Barcelona, n. 1, 1996, p. 5-22.

[4] Michael Oakeshott, *Experience and Its Modes*. 7. ed. Cambridge, Cambridge University Press, 1995, p. 8.

críticos de forma incisiva. Preferia a maturação lenta e refletida das ideias, insinuando revisões, respostas e réplicas muitas vezes difíceis de ser identificadas.

Para os padrões contemporâneos, Oakeshott é um acadêmico nada convencional. Sua escrita literária é repleta de metáforas e carente de referências e citações. Aliada a um gosto apurado por autores e temas tão diversos, sua obra expôs as limitações da teoria política normativa, contrapondo-se aos discursos e modelos baseados no uso abstrato da razão.

Esse é um alerta importante especialmente para aqueles que estão iniciando seus estudos no autor. Quem busca fundamentos *filosóficos* visando à solução de problemas concretos da vida política e econômica certamente irá se decepcionar com Oakeshott. Por mais que o autor desenvolva uma sofisticada teorização do Estado moderno e da própria natureza da atividade política, seu trabalho encontra-se essencialmente no campo da metalinguagem. Para ele, portanto, saber identificar quais são as perguntas adequadas é muito mais significativo que qualquer eventual resposta. Menções a fatos e personalidades históricos são envoltos em uma linguagem metafórica, transformando-se rapidamente em alegorias para a contemplação poética.

Embora o *universo* oakeshottiano da política deva ser mais bem compreendido mediante uma longa meditação entre os idiomas da história, prática e poesia, ensaios como *The Political Economy of Freedom* e *Rule of Law* oferecem pistas para tentar desvendar a posição de Oakeshott no pensamento político contemporâneo. Entretanto, essa não é uma tarefa simples. Durante sua vida, foi tachado de inúmeros rótulos: conservador antidemocrático,[5] niilista,[6]

---

[5] Hanna Fenichel Pitkin, "Inhuman Conduct and Unpolitical Theory: Michael Oakeshott's *On Human Conduct*". *Political Theory*, vol. 4, n. 3, p. 301-20, ago. 1976.

[6] Bernard Crick, "The World of Michael Oakeshott: Or the Lonely Nihilist". *Encounter*, vol. 20, p. 65-74, jun. 1963.

utópico,[7] romântico,[8] liberal,[9] direitista intransigente,[10] dentre outros, o que evidencia a dificuldade de enquadrar sua obra, visto que seu trabalho é reconhecidamente complexo e de difícil classificação.[11]

Além disso, dentre os principais comentadores, há um profícuo debate a respeito da unidade do seu pensamento. Em linhas gerais, a crítica identifica três momentos distintos ao longo de sua trajetória intelectual, representados pela publicação de suas obras mais conhecidas: *Experience and Its Modes* (1993), *Rationalism in Politics and Other Essays* (1962) e *On Human Conduct* (1975). Cada um desses livros guarda uma preocupação específica, ainda que os temas estejam de alguma maneira vinculados. A primeira obra é um tratado sobre o conhecimento humano e o conceito de filosofia, marcado pelo idealismo de Hegel e Bradley. O segundo livro reúne ensaios sobre o racionalismo na política, contendo uma descrição daquilo que denomina *disposição conservadora*. O terceiro livro, por fim, representa o mais elevado grau de teorização sobre a política e o Estado moderno, sendo por isso considerado sua obra-prima.

Oakeshott ainda publicaria outros dois livros durante sua vida. *On History and Other Essays* (1983)[12] é uma coletânea de textos e

---

[7] David Splitz, "A Rationalist Malgré Lui: The Perplexities of Being Michael Oakeshott". *Political Theory*, vol. 4, n. 3, ago. 1976, p. 335-52.

[8] Colin Falck, "Romanticism in Politics". *The New Left Review*, n. 18, p. 60-72, jan.-fev. 1963.

[9] Paul Franco, "Michael Oakeshott as Liberal Theorist". *Political Theory*, vol. 18, n. 3, p. 411-36, ago. 1990; Wendell John Coasts Jr., "Michael Oakeshott as Liberal Theorist". *Canadian Journal of Political Science*, vol. 18, n. 4, p. 773-87, dez. 1985; Efraim Podoksik, "Oakeshott: What Kind of liberal?". In: Political Studies Association Annual Conference, 54, 2004, Hull. *Papers*. Hull: University of Lincoln, 2004, p. 1-10; John Gray, *Gray's Anatomy: Selected Writings*. London, Penguin, 2009.

[10] Perry Anderson, "The Intransigent Right at the End of the Century". *London Review of Books*, vol. 14, n. 18, p. 7-11, set. 1992.

[11] Paul Franco, *The Political Philosophy of Michael Oakeshott*. New Haven, Yale University Press, 1990, p. 11.

[12] Michael Oakeshott, *On History and Other Essays*. Indianapolis, Liberty Fund, 1999, p. 178.

palestras proferidas na London School of Economics and Political Science (LSE). Seu último livro, *The Voice of Liberal Learning* (1989),[13] reúne ensaios sobre a temática da educação, em que Oakeshott ressalta o valor da *educação liberal* não como um ensino vocacional, direcionado a formar trabalhadores, mas como um convite e uma iniciação aos diversos idiomas do conhecimento humano.[14]

Após sua morte, em 1990, uma série de escritos inéditos foi revelada e publicada em partes, despertando grande interesse na comunidade acadêmica americana e inglesa. Sob a competente organização de Timothy Fuller e Shirley Robin Letwin, foram trazidas a lume as obras *Morality and Politics in Modern Europe: The Harvard Lectures*,[15] *Religion, Politics and the Moral Life*[16] e *The Politics of Faith and The Politics of Scepticism*.[17]

A partir de 2004, documentos de Oakeshott arquivados na biblioteca da LSE começaram a ser organizados e publicados na Inglaterra. O material inclui diversos ensaios, resenhas, palestras, aulas, bem como sua correspondência pessoal. É o caso das obras *What is History? and Other Essays*,[18] *Lectures in the History of Political*

---

[13] Michael Oakeshott, *The Voice of Liberal Learning*. Indianapolis, Liberty Fund, 2001.

[14] "O que eu estou sugerindo, portanto, é que, do ponto de vista da educação liberal, a cultura não é uma miscelânea de crenças, percepções, ideias, sentimentos e engajamentos, mas deve ser reconhecida como uma variedade de distintas linguagens do entendimento, e seus incentivos são convites para se tornar familiar com essas linguagens, aprender a discriminá-las, e a reconhecê-las não meramente como modos diversos do entendimento do mundo, mas como as mais substanciais expressões que temos do autoentendimento humano." Michael Oakeshott, *The Voice of Liberal Learning*, p. 29.

[15] Michael Oakeshott, *Morality and Politics in Modern Europe: The Harvard Lectures*. New Haven, Yale University Press, 1993.

[16] Michael Oakeshott, *Religion, Politics and the Moral Life*. New Haven, Yale University Press, 1993.

[17] Michael Oakeshott, *The Politics of Faith and The Politics of Scepticism*, 1996.

[18] Michael Oakeshott, *What is History? and Other Essays*. Exeter, Imprint Academic, 2004.

Thought,[19] *The Concept of a Philosophical Jurisprudence: Essays and Reviews 1926-51*,[20] *The Vocabulary of a Modern European State: Essays and Reviews 1952-88*,[21] *Early Political Writings: 1925-30*[22] e *Michael Oakeshott: Notebooks, 1922-86*.[23, 24]

Dentre as publicações póstumas, *A Política da Fé e a Política do Ceticismo* é, sem dúvida, a mais surpreendente e significativa de todas. De acordo com o professor Timothy Fuller, trata-se de uma exposição completa de seu pensamento naquele estágio, escrita provavelmente no final dos anos 1940. O livro é frequentemente apontado como uma espécie de esboço preliminar de *On Human Conduct*, sendo empregadas as expressões *fé* e *ceticismo* como sinônimos da política ambígua e ambivalente do Estado moderno.

Tratá-la como um simples esboço, todavia, não faz jus à importância dessa *descoberta*. Ao longo do texto, diversas passagens insinuam movimentos de continuidade e ruptura conceituais, antecipando posições que iriam ocupar lugar de destaque mais adiante, como a metáfora da conversação da humanidade e o próprio conceito de *civilidade*. Para resgatar esses elementos, é necessário, primeiro, traçar um breve percurso de sua trajetória intelectual.

---

[19] Michael Oakeshott, *Lectures in the History of Political Thought*. Exeter, Imprint Academic, 2006.

[20] Michael Oakeshott, *The Concept of a Philosophical Jurisprudence: Essays and Reviews 1926-51*. Exeter, Imprint Academic, 2007.

[21] Michael Oakeshott, *The Vocabulary of a Modern European State: Essays and Reviews 1952-88*. Exeter, Imprint Academic, 2008.

[22] Michael Oakeshott, *Early Political Writings: 1925-30*. Exeter, Imprint Academic, 2011.

[23] Michael Oakeshott, *Michael Oakeshott: Notebooks, 1922-86*. Exeter, Imprint Academic, 2014.

[24] Um pequeno esclarecimento merece ser relatado com relação à biografia do autor. Em sua vida, Oakeshott publicou apenas um livro não acadêmico, em coautoria com seu colega de Cambridge Guy Griffith. Trata-se do livro *A Guide to the Classics, or How to Pick the Derby Winner* (1936), um manual sobre como fazer boas apostas em corridas de cavalos. (N. T.)

Oakeshott nasceu em dezembro de 1901, filho de um funcionário público e de uma enfermeira, simpáticos ao socialismo fabiano. Foi um estudante destacado no prestigioso Gonville and Caius College da Universidade de Cambridge, onde, por muitos anos, atuou como *fellow* da faculdade e professor assistente no Departamento de História.

Durante a Segunda Guerra Mundial, serviu à Força Aérea britânica e esteve na Inglaterra, na França e na Alemanha. Ao retornar do conflito, lecionou brevemente na Universidade de Oxford até ser nomeado professor Catedrático de Ciência Política na LSE, em 1951. Nessa instituição, dentre muitas atividades, foi o responsável pela criação do famoso mestrado em História do Pensamento Político. Após a sua aposentadoria, em 1968, manteve constante atividade nos seminários da LSE, atraindo um grupo ilustre de acadêmicos e pesquisadores como John Charvet, Maurice Cranston, Elie Kedourie, Wolfgang von Leyden, Kenneth Minogue, Robert Orr, entre outros.[25]

Ao contrário do que em geral é exigido para um acadêmico, Oakeshott publicou relativamente pouco em vida. Seu primeiro livro, *Experience and Its Modes* (1933), consiste em um longo e minucioso tratado acerca da teoria do conhecimento e do conceito de filosofia, seguindo a tradição do idealismo britânico, e influenciado especialmente por F. H. Bradley e Hegel.[26]

Nele, Oakeshott descreve a tese de que *o mundo* e a *ideia de que se tem do mundo* são inseparáveis.[27] Toda experiência é resultado do

---

[25] Kenneth Minogue, "The History of Political Thought Seminar". In: Jesse Norman, *The Achievement of Michael Oakeshott*. London, Duckworth, 1993.

[26] A influência desses autores é inegável, especialmente no início de sua carreira. Em *Experience and its Modes*, Oakeshott afirma que sua visão deriva de uma "afinidade com aquilo que é conhecido pelo nome, um tanto ambíguo, de Idealismo, e as obras em que admito ter aprendido mais foram *A Fenomenologia do Espírito*, de Hegel, e *Aparência e Realidade*, de Bradley". Michael Oakeshott, *Experience and its Modes*. London, Cambridge University Press, 1933, p. 6.

[27] Timothy Fuller, "Michael Oakeshott, 1901-1990". *The Review of Politics*, n. 71, 2009, p. 102.

pensamento, não sendo possível *conhecer* algo que exista de forma independente e anterior à *ideia*. O mundo é um todo, e esse todo é um mundo de pensamento. Os seres humanos não têm acesso a nada que não esteja no pensamento, não há acesso a algo que não possa ser pensado. A realidade, portanto, é um mundo de ideias. Mas não *meras* ideias; as ideias formam um conjunto, uma totalidade, e há apenas um critério para avaliá-las: seu grau de coerência.

Outra afirmação importante do livro é a de que a experiência humana não pode ser teorizada por uma única modalidade de pensamento, reconhecida, portanto, com base em diversas *modalidades*, mundos de discurso independentes e regidos por seus próprios postulados.

As modalidades não são tipos de experiência. São a totalidade da experiência tomada de um ponto de vista. Assim, a ciência é a forma de ver o mundo todo por um conjunto de ideias quantitativas, estáveis e absolutamente comunicáveis entre os indivíduos (o mundo é entendido *sub specie quantitatis*). A história trata da experiência *sub specie praeteritorum*, ou seja, é um discurso no presente sobre o passado. A prática vê o mundo pela tensão entre *o que é* e *o que deveria ser*, um mundo *sub specie voluntatis*, definido pelo desejo e pela aversão, aprovação e desaprovação.[28]

Não há nenhuma hierarquia entre as modalidades. Tampouco há qualquer tipo de absorção de uma modalidade por outra. O historiador pode elaborar uma história da ciência, mas sua atividade não é científica, nem mesmo consiste em uma alternativa ao método científico. Da mesma maneira, a ciência não pode afirmar nada relevante para a prática ou para a história; uma explicação científica da política, nos termos oakeshottianos, nada mais é que uma confusão de modalidades, uma *ignoratio elenchi*. Em suma, a autossuficiência e independência de cada modalidade significam que nenhuma delas pode querer explicar a atividade da outra com base em seus próprios pressupostos.

---

[28] Bhikhu Parekh, "The Political Philosophy of Michael Oakeshott". *British Journal of Political Science*, vol. 9, n. 4, p. 481-506, out. 1979.

E, por serem apenas apreensões da realidade, são mundos de ideias abstratos e incompletos. Abstração significa tentar explicar o todo pela *parcialidade* de um modo particular. O conhecimento filosófico, contudo, não corresponde a uma modalidade. Trata-se de uma "atividade parasitária, que emerge ao examinar os postulados e os pressupostos de cada atividade".[29] Para Oakeshott, a filosofia significa "experiência sem reserva ou pressuposição, experiência que é autoconsciente e autocrítica por toda a parte, em que a determinação de permanecer insatisfeito com nada menos que um mundo coerente de ideias é absoluta e incondicional".[30]

O livro *Experience and Its Modes* garantiu a Oakeshott prestígio e reconhecimento, lançando seu nome como uma das grandes promessas da filosofia inglesa do século XX. Não é à toa que R. G. Collingwood, consagrado acadêmico da época, reconheceu a tese de Oakeshott como "tão original, tão importante e tão profunda que a crítica deve ser silenciada até que seu significado tenha sido longamente ponderado".[31]

Nos anos que se seguiram à publicação de *Experience and Its Modes*, Oakeshott publicou uma série de artigos no *Cambridge Journal* e, especialmente, uma introdução ao *Leviatã*, de Hobbes, pela editora Blackwell (1946).[32] Uma segunda versão dessa introdução encontra-se, juntamente com outros artigos sobre Hobbes, na coletânea *Hobbes on Civil Association* (1975).[33]

---

[29] Elizabeth Campbell Corey, "The World of Michael Oakeshott". *Modern Age*, vol. 48, n. 3, verão 2006, p. 259-66.

[30] Michael Oakeshott, *Experience and Its Modes*, p. 82.

[31] R. G. Collingwood, "Oakeshott and the Modes of Experience". *The Cambridge Review*, n. 55, fev. 1934, p. 249-50.

[32] Michael Oakeshott, "Introduction to *Leviathan*". In: Thomas Hobbes, *Leviathan or The Matter, Form, and Power of a Commonwealth, Ecclesiastical and Civil*. Oxford, Blackwell, 1960.

[33] Michael Oakeshott, *Hobbes on Civil Association*. 3. ed. Indianapolis, Liberty Fund, 1991.

Em 1962, Oakeshott lança aquela que viria a ser a sua obra mais conhecida: *Rationalism and Politics and Other Essays* (uma edição expandida foi publicada em 1991, a cargo de Timothy Fuller, professor titular de Ciência Política do Colorado College).[34] A obra reúne ensaios bastante variados, o que proporciona ao leitor uma visão ampla de sua trajetória. No entanto, os temas mais recorrentes versam sobre a natureza da atividade política, contendo uma crítica incisiva ao que o autor chama *racionalismo*.

Para Oakeshott, "política é a atividade de atender a arranjos gerais de um grupo de pessoas que por acaso ou escolha encontram-se reunidas".[35] Atender a arranjos é algo completamente diferente de inventar arranjos, ou fundá-los com base em alguma teoria abstrata como a democracia, os direitos do homem, o materialismo científico ou ainda o livre mercado.[36] As gerações que se sucedem não dispõem de uma carta aberta para simplesmente começar a escrever sua história. O transcorrer do tempo carrega consigo uma série de arranjos, instituições, práticas, formas de comportamento, que compõem a herança que é transmitida. Uma comunidade, portanto, não escolhe o seu modo de vida, ela o reconhece com base em um conhecimento *prático*, herdado de forma não refletida, algo quase espontâneo.

Outra espécie de conhecimento é o domínio da *técnica*, cujo traço principal é a capacidade de ser formulado de maneira precisa. Trata-se do conhecimento que pode ser sistematizado, suscetível a regras, princípios, direções, máximas. Ao contrário do conhecimento prático (que não é nem ensinado nem aprendido, mas somente transmitido e adquirido), a técnica é aprendida de forma mecânica.

---

[34] Michael Oakeshott, *Rationalism in Politics and Other Essays*. 2. ed. Indianapolis, Liberty Fund, 1991.

[35] Michael Oakeshott, *Rationalism in Politics and Other Essays*, p. 56.

[36] John Casey, "Philosopher of Practice". In: Norman Jesse, *The Achievement of Michael Oakeshott*. London, Duckworth, 1993, p. 61.

"Pode ser aprendido de um livro; pode ser aprendido por um curso por correspondência."[37]

Essas duas espécies de conhecimento (*prático* e *técnico*) estão envolvidas em toda atividade humana. O problema que Oakeshott atribui ao moderno *racionalismo*[38] é a assertiva de que somente o conhecimento técnico é o verdadeiro conhecimento. Para o racionalista, a razão representa a soberania da técnica, sendo o único conhecimento apto a entender o que se passa no mundo.

No que concerne ao campo político, o *racionalista* acredita na possibilidade de a conduta humana ser guiada de acordo com uma razão autônoma e predeterminada. Desse ponto de vista, a atividade política nada mais é que uma série de doutrinas que determinam propósitos a serem posicionados e perseguidos, bem como a descrição de atividades direcionadas a tais fins. Para cada problema há uma solução, universalmente aplicada e premeditadamente encontrada. Não há espaço para erros nem tentativas. Se a solução não funciona, a culpa é da má aplicação da técnica, do fato de não se seguir à risca a cartilha ideológica.

Para Oakeshott, contudo, cada situação política deve ser sempre considerada como um produto da ação humana,[39] fruto de escolhas, e não de uma necessidade natural ou de interesses racionais. Cada escolha é uma resposta, dentre muitas possíveis, a uma dada situação.

---

[37] Michael Oakeshott, *Rationalism in Politics and Other Essays*, p. 15.

[38] Oakeshott considera o *racionalismo moderno* como vertente surgida a partir do século XVII, tendo Bacon e Descartes como as figuras mais representativas do período: "Eu proponho resumir minha consideração sobre o surgimento do moderno Racionalismo, o caráter intelectual e a disposição do Racionalista, pelo início, momento em que ele se demonstra inequivocamente, e por considerar somente um único elemento no contexto do seu surgimento. Esse momento é o início do século XVII, e está conectado, *inter alia*, com a condição de conhecimento – tanto o conhecimento natural quanto civilizado do mundo – do seu tempo". Michael Oakeshott, *Rationalism in Politics and Other Essays*, p. 18.

[39] Michael Oakeshott, *Rationalism in Politics and Other Essays*, p. 70.

As instituições, hábitos, regras que existem numa determinada comunidade são escolhas que resistiram ao tempo e compõem a herança dessa comunidade.

Tal herança não tem ponto de partida ou de chegada. Não há um momento histórico definido em que se perceba a intenção do agente ou a doutrina que fundamenta a sua escolha. Tampouco há um caminho a ser trilhado ou uma ordem premeditada que possa definir o que deve e o que não deve ser feito.

A pretensão de Oakeshott, portanto, não é estabelecer uma crença ou uma doutrina, mas uma *disposição*. Ser conservador é estar disposto a preferir certos tipos de conduta e certas condições das circunstâncias humanas a outras. É estar disposto a fazer certos tipos de escolha. É perseguir aquilo que as contingências insinuam, em vez de procurar respostas em princípios abstratos. "Ser conservador é, pois, preferir o familiar ao desconhecido, preferir o tentado ao não tentado, o fato ao mistério, o atual ao possível, o limitado ao abundante, o próximo ao distante, o suficiente ao superabundante, o conveniente ao perfeito, o riso presente à felicidade utópica."[40]

A disposição conservadora em respeito à política requer uma visão bastante distinta da perspectiva racionalista quanto à atividade de governar. O conservador não entende que o governo tenha missão entusiasta de promover determinado projeto político peculiar, convocando seus súditos a unirem-se em torno desse fim. O ingrediente cético do conservadorismo sugere uma desconfiança em torno de qualquer forma de perfeição ou de destino à humanidade. Não se trata de insuflar as paixões e as crenças dos indivíduos, mas de reconhecer os perigos que tais sentimentos podem representar para a convivência social.

Por isso, o conservador prestigia as regras de conduta que impõem ordem sem direcionar nenhum cometimento. O valor de uma

---

[40] Michael Oakeshott, *Rationalism in Politics and Other Essays*, p. 408.

norma dessa natureza está na facilidade com que é reconhecida pelos indivíduos no curso ordinário de suas vidas, sem impedir a realização dos anseios de cada um, mas moderando as ações mais invasivas.

O arranjo de direitos e deveres, do qual o governo[41] é o responsável pela manutenção, não é o resultado de nenhuma obra intencional. São insinuações de modos de comportamento que uma determinada comunidade reconhece por um *hábito de afeição e comportamento* e não por um *hábito de reflexão*. Segundo Oakeshott, tal ordem "não nasce da consciência de possíveis formas alternativas de comportamento e escolha, determinada por uma opinião, regra ou um ideal, dentre essas alternativas; a conduta é, o mais próximo possível, sem reflexão".[42]

---

[41] Para Oakeshott, seguindo a tradição da literatura insular, o estado (*state*) é uma associação de indivíduos, enquanto o governo (*government*) é uma organização específica presente nessa associação. Nessa linguagem, o governo não se confunde com a associação, mas faz parte dela em virtude das funções que lhe são atribuídas. Quem elabora as leis, decide conflitos e administra a máquina pública é sempre o governo e não o Estado. O Estado é a associação de indivíduos tomada apenas em seu caráter *ideal*. Nesse sentido, Friedrich Hayek esclarece que "em inglês é possível, como tem sido usualmente, discutir esses dois tipos de ordem em termos de uma distinção entre 'sociedade' e 'governo'. Não há nenhuma necessidade para a discussão desses problemas, enquanto se está considerando um único país, de trazer o termo 'Estado', de forte conotação metafísica. Foi basicamente por influência do pensamento da Europa continental, sobretudo o hegeliano, que, no curso dos últimos cem anos, adotou-se amplamente o costume de falar do 'estado' (de preferência com 'E' maiúsculo) em casos em que o 'governo' seria mais apropriado e preciso. No entanto, quem exerce ou adota uma política é sempre a organização a que chamamos governo; em nada contribui para a clareza introduzir sem propósito o termo 'estado' quando 'governo' é suficiente. Isso se torna particularmente enganoso quando o termo 'estado', em vez de 'governo', é usado em contraposição a 'sociedade' para indicar que o primeiro é uma organização e o segundo é uma ordem espontânea". Friedrich August von Hayek, *Law, Legislation and Liberty: A New Statement of the Liberal Principles of Justice and Political Economy*, vol. I: Rules and Order. Chicago, The University of Chicago Press, 1973, p. 48.

[42] Michael Oakeshott, *Rationalism in Politics and Other Essays*, p. 468.

A proposta conservadora de Oakeshott, deve-se deixar claro desde já, não é de nenhum modo uma apologia ao passado, a determinados valores, ou mesmo uma forma de contemplação da tradição pelo simples fato de ser tradição. Ser conservador é estar disposto a reconhecer que os modos tradicionais de comportamento formam uma herança, e que a atividade política não se resume a uma especulação teórica sobre a mais correta ou desejável corrente de pensamento.

A publicação de *Rationalism in Politics and Other Essays* é um marco importante em sua carreira. Apesar de boa parte da crítica, especialmente nos Estados Unidos, ter sido bastante hostil, atribuindo-lhe pejorativamente um caráter burkiano, o livro alçou Oakeshott à vitrine dos grandes pensadores políticos contemporâneos.[43] No entanto, sua principal obra viria a ser lançada alguns anos depois: *On Human Conduct* (1975).[44]

Nesse livro, Oakeshott apresenta sua principal contribuição à teoria política: a distinção entre a associação civil (*civil association*) e a associação empresarial (*enterprise association*). Esses conceitos não se referem a nenhum Estado, organização ou partido político existentes na história política de qualquer país. Trata-se de construções *ideais* sobre como os indivíduos entendem estar relacionados numa determinada comunidade.

Cada um desses estilos revela uma forma completamente diferente de tratar conceitos como *governo*, *direito* e *liberdade*. O esforço de Oakeshott é direcionado em dois planos. Primeiro, ocupa-se de descrever os postulados teóricos que condicionam essas modalidades, identificando-as não como categorias opostas, mas como formas extremas que concorrem entre si no mesmo cenário. Segundo,

---

[43] Timothy Fuller, "Oakeshott's Rationalism in Politics Today". In: Michael Oakeshott, *Rationalism in Politics and Other Essays*. 2. ed. Indianápolis, Liberty Fund, 1991, p. xiii.

[44] Michael Oakeshott, *On Human Conduct*. Oxford, Oxford University Press, 1975.

em demonstrar que essas formas de associação podem ser notadas no plano prático. Aqui, Oakeshott defende a tese de que o Estado moderno europeu é caracterizado por uma mistura ambígua desses dois estilos, sendo que nenhum deles prevalece em sua forma *pura* ou impõe-se perante o outro de forma exclusiva.

Em linhas gerais, o que os diferencia é a forma como os indivíduos se reconhecem mutuamente. A associação empresarial é uma associação em termos substantivos. Por meio dela, os agentes buscam realizar um projeto ou propósito compreensivo, pouco importa se se trata de uma barganha mercantil ou uma cruzada no além-mar. Como lembra David Mapel,[45] as associações empresariais devem adotar uma prática[46] (considerações, modos, princípios, padrões, máximas,

---

[45] David Mapel, "Purpose and Politics: Can There Be a Non-Instrumental Civil Association?". *The Political Science Reviewer*, vol. 21, n. 1, p 1992, p. 63-80.

[46] Para Oakeshott, toda ação ou escolha humanas possui um atributo formal e substantivo. A substância de uma ação é a performance pela qual alguém busca uma satisfação. A forma de uma ação é a maneira como a performance é praticada, é a ação em respeito ao reconhecimento de um procedimento. Esse procedimento é aquilo que Oakeshott denomina *prática*: "[...] uma lista de considerações, maneiras, usos, observâncias, costumes, padrões, cânones, máximas, princípios, regras e ofícios que especificam procedimentos úteis ou denotam obrigações ou deveres que estejam relacionados às ações ou a expressões humanas". Uma prática pode ser *instrumental*, quando há alguma finalidade a ser alcançada e o procedimento indica a conveniência ou a utilidade de se promover tal propósito. Ou a prática pode ser *não instrumental*, quando não possui nenhum propósito extrínseco; nesse caso, o procedimento trata de condições a ser subscritas pelo agente nas suas escolhas e ações – provê apenas os meios para a consecução de um grande número de diferentes propósitos que, em sua totalidade, ninguém conhece. Para tornar ilustrativa essa diferença, tomem-se os exemplos de um manual de instruções de um aparelho e as regras de um jogo de xadrez. No primeiro caso, o manual contém regras instrumentais, que indicam o procedimento correto de instalação de determinado aparelho, especificando as etapas e os cuidados. Por outro lado, no caso das regras do xadrez, não há propósito extrínseco, nenhuma finalidade a ser atingida, mas somente a definição das regras de conduta dos jogadores: cada participante movimenta somente uma peça por

regras, etc.), que é sempre instrumental ou *prudencial* com relação ao propósito a ser alcançado. Tal prática ganha autoridade à medida que contribui, direta ou indiretamente, para a finalidade almejada.

Já na associação civil, os indivíduos não se reconhecem como parceiros em um empreendimento comum. A única coisa que compartilham é a mesma linguagem coercitiva de regras. Trata-se de uma relação não instrumental, ou seja, puramente formal. O principal caráter dessa prática é o fato de que ela não apresenta nenhum propósito intrínseco; ela não é meramente imparcial, mas *indiferente* a qualquer propósito. Não prescreve comandos nem escolhas, não compele os agentes a agir de uma determinada maneira. Simplesmente, essa prática estabelece algumas condições que os agentes devem levar em consideração quando decidem agir para buscar seus propósitos pessoais. Os agentes são livres para fazer suas escolhas, mas devem ter o cuidado de subscrevê-las às restrições impostas pelas regras gerais a que estão vinculados.

A associação civil é um modo de relação humana em termos de uma prática não instrumental. A não instrumentalidade é uma ideia que caracteriza muitas coisas, como os códigos de etiqueta, os jogos, a moral, e também compromissos humanos como o amor e a amizade.[47] Oakeshott é bastante cauteloso, contudo, ao distinguir a *moralidade* das demais práticas não instrumentais ao referi-la como uma *linguagem vernácula*.

Uma linguagem consiste em certas condições formais, tal qual as regras de uma gramática. Do mesmo modo, essas condições não dizem o que deve ser feito ou dito, mas estabelecem o que deve ser

---

vez, o bispo move-se apenas na diagonal, o peão não pode movimentar-se para trás, etc. A estratégia de cada jogador e a decisão que ele toma ao longo da partida são indiferentes para as regras do xadrez em si. Essa indiferença quanto aos propósitos é o que caracteriza a não instrumentalidade. Michael Oakeshott, *On Human Conduct*, p. 55.

[47] John Gray, *Liberalisms: Essays in Political Philosophy*. London, Routledge, 1989, p. 211.

observado ao fazer ou dizer qualquer coisa. É importante enfatizar também que uma linguagem envolve muito mais que considerações de certo ou errado. A moralidade, como uma *linguagem vernácula de conduta*, envolve regras, mas tais regras são uma mera abreviação ou abstração que ajudam a prática a *manter* sua forma, mas não *dão* sua forma. O que dá forma à moralidade são as contínuas autointerpretações e escolhas contingentes dos participantes envolvidos.[48]

Sendo a associação civil um exemplo de associação formal em detrimento de uma associação com fins específicos (ou seja, uma prática *moral* em relação a uma prática meramente *instrumental*), o que distingue as suas normas dos múltiplos códigos morais existentes numa comunidade? A grande diferença das normas de uma associação civil para as demais é que elas passaram por um procedimento específico que as reconheceram como leis (*leges*). A prática deixa de ser uma prática moral como as demais, para ser a prática da *civilidade*. As normas adquirem um caráter autoritário. E é somente no reconhecimento da mesma autoridade que reside a *relação* entre os agentes numa associação civil.

Uma observação importante, aqui, diz respeito ao modo como é entendida a atuação do governo em cada uma dessas formas. Na associação empresarial, o governo é o agente responsável por gerenciar o propósito comum que dá origem à associação. Ele coordena as ações dos indivíduos, usando de todo o poder possível para maximizar esse propósito. Por outro lado, na associação civil, o governo não persegue nenhum propósito, porque não há finalidades a promover. Cabe ao governo *manter a ordem*, ou seja, fazer com que as normas gerais de conduta sejam rigorosamente subscritas pelos indivíduos, possibilitando um *modus vivendi* de paz e tranquilidade.

Em *On Human Conduct*, Oakeshott afirma que o caráter ideal do Estado moderno pode ser compreendido em dois polos. Oakeshott considera essas associações por seu caráter ideal. Isso não significa que o *ideal*

---

[48] David Mapel, *Purpose and Politics*, p. 65.

implica um desejável estado das coisas. É o ideal no sentido das características que ele considera logicamente necessárias para identificá-lo.[49]

A *associação civil* (*societas*) é identificada como a associação de pessoas (*cives*) em termos de um direito reconhecido como um sistema de condições prescritivas (*respublica*) indiferentes (não meramente imparciais) à satisfação de propósitos substantivos, devendo tais condições ser subscritas por aquelas pessoas na tomada de suas próprias escolhas sobre o que fazer ou dizer em suas transações com o outro.[50] A *associação empresarial* (*universitas*) é identificada como a associação de pessoas para a realização de um propósito comum substantivo, em que o direito é visto como regras que promovem esse propósito, e na qual os associados se reconhecem como companheiros num empreendimento.[51] O que distingue uma associação civil de uma associação empresarial, fundamentalmente, é que a primeira não tem objetivos, por não ter projetos próprios, enquanto a outra é constituída justamente por ter um projeto. Para Oakeshott, a associação civil é uma associação não instrumental, enquanto a associação empresarial é instrumental.

Essa distinção proposta por Oakeshott não é facilmente aceita para muitos de seus comentadores. A maior parte das críticas é dirigida ao formalismo de sua teoria, especialmente quanto ao significado do conceito de *instrumentalidade*. De todo modo, há algo que os comentadores compartilham de maneira quase consensual: a prática da civilidade é eminentemente uma prática jurídica. "A civilidade é um tipo de limitação 'adverbial' na linguagem cívica com que nós nos comunicamos com o outro."[52] É comumente identificada com o

---

[49] Glenn Worthington, "Oakeshott's Claims of Politics". *Political Studies*, vol. 45, n. 4, set. 1997, p. 730.

[50] Michael Oakeshott, *On Human Conduct*, p. 243.

[51] Ibidem, p. 264.

[52] Richard Boyd, "The Value of Civility?". *Urban Studies*, vol. 43, n. 5-6, p. 863-78, maio 2006, p. 864.

império da lei, uma prática em que os indivíduos se relacionam entre si respeitando as mesmas condições, o mesmo sistema articulado de leis.[53] Agir civilizadamente, em palavras mais simples, significa para Oakeshott *agir de acordo com a lei*.

O termo *civilidade*, no vocabulário filosófico, atravessa as fronteiras da ética e da filosofia política. Sua terminologia tanto pode considerá-la uma virtude que requer do sujeito o igual respeito e consideração pelo outro como denota um bem procedimental que visa à exclusão da arbitrariedade e da parcialidade injustificada.[54] Esses dois sensos de civilidade têm chamado a atenção de muitos filósofos, e constituem um conceito-chave para a compreensão do estado liberal moderno.

Atendo-se estritamente à leitura de *On Human Conduct*, tudo indica que Oakeshott vincula a sua *civilidade* ao segundo sentido acima. A *prática da civilidade*, entendida como o estabelecimento de normas de conduta que os indivíduos têm a obrigação de observar, é a forma legítima que elimina a arbitrariedade de uma associação empresarial. A *societas* é o procedimento que liberta o cidadão da imposição de qualquer propósito compreensivo pela autoridade estatal.

O formalismo da associação civil, contudo, não a isenta de objeção daquilo que Wendell Coats Jr. chamou de "infinito problema político".[55] Uma das grandes dificuldades na teoria oakeshottiana é estabelecer o elo entre a estética puramente formal da associação civil e o conteúdo das normas não instrumentais. De que maneira a civilidade lida com as diversas *insinuações* do universo político e define suas leis?

---

[53] Josiah Lee Auspitz, "Individuality, Civility, and Theory: The Philosophical Imagination of Michael Oakeshott". *Political Theory*, vol. 4, n. 3, ago. 1976, p. 278-79.

[54] Peter Johnson, "Oakeshott's Porcupines: Oakeshott on Civility". *Contemporary Political Theory*, vol. 6, 2007, p. 312.

[55] Wendell John Coats Jr., *Michael Oakeshott and the Character of Experience*, 1978. 463f. Tese (Doutorado em Ciência Política) – Departamento de Ciência Política, University of Colorado, Boulder, 1978, p. v.

Muitos críticos apontam uma falha estrutural nesse raciocínio, desqualificando-o de forma radical. Bernard Crick, por exemplo, enxerga na obra de Oakeshott uma tentativa de esvaziar o elemento político, mascarando interesses privados de grupos dominantes sob a fórmula da imparcialidade das leis. "O conservantismo é, portanto, uma doutrina política como qualquer outra. Essa política é, quase sempre, parcialmente verdadeira, porém a sua verdade variará, dependendo das circunstâncias. Ela pode alegar ser antidoutrinária, mas, em qualquer formulação específica, poderá conter partes de dogmas arbitrários – como o da 'tradição' de Oakeshott."[56]

A filósofa belga Chantal Mouffe oferece uma interessante contribuição a esse debate. Nos últimos anos, aliás, tem sido uma das principais referências entre os estudiosos da obra de Oakeshott. Sua proposta de *democracia radical* e *agonismo* inspirou vários trabalhos doutorais, incluindo a marcante tese de Steven Gerencser.[57] Mouffe considera o modelo de *societas* uma forma bastante adequada para compreender a associação política. Contudo, contesta o uso conservador que Oakeshott faz ao diferenciá-la da *universitas*. Para ela, "o conservadorismo de Oakeshott reside no conteúdo que ele coloca na *respublica*, e que isso pode obviamente ser resolvido com a introdução de princípios mais radicais".[58]

O grande desvirtuamento da obra de Oakeshott, segundo Mouffe, é que ele lida de forma muito falha com o vocabulário da política da *societas*. Sua concepção de política é uma linguagem compartilhada da civilidade que só é adequada num aspecto da

---

[56] Bernard Crick, *In Defense of Politics*. 4. ed. Chicago, The University of Chicago Press, 1993, p. 122.

[57] Steven Anthony Gerencser, *The Skeptic's Oakeshott*. New York, St. Martin's Press, 2000.

[58] Chantal Mouffe, "Democratic Citizenship and the Political Community". In: Chantal Mouffe (org.), *Dimensions of Radical Democracy: Pluralism, Citizenship and Democracy*. London, Verso, 1992, p. 234.

política: o ponto de vista do *nós*, o lado amigo. Mas a relação da política é o embate entre o lado amigo e o lado inimigo. "O que é completamente esquecido em Oakeshott é a divisão e o antagonismo, que é o aspecto do 'inimigo'. É uma falta que deve ser remediada para termos uma noção apropriada de *societas*."[59]

A obra de Michael Oakeshott suscita divergências profundas entre comentadores das mais diversas orientações políticas. A publicação de *A Política da Fé e a Política do Ceticismo* vem contribuir de maneira significativa para esse debate, adicionando uma visão revigorada da natureza e da extensão da atividade política.

Neste livro, Oakeshott argumenta que a política moderna europeia revela uma ambiguidade envolvendo dois estilos ou modos sobre os quais é entendida a atividade de *governar* e *ser governado*. Esses estilos foram moldados ao longo dos últimos cinco séculos, pela renovação de práticas herdadas desde o período medieval.

Para Oakeshott, não há nenhuma relação simples e direta entre o estabelecimento da autoridade política e a delimitação das funções do governo. O vocabulário político sempre acaba por revelar traços de ambiguidade. Expressões como *salus populi* ou *direito* apresentam múltiplos significados. Ora *salus populi* pode ser entendida como a *segurança* dos cidadãos, ora como a *bonança*, a busca pela prosperidade material. *Direito* pode significar simplesmente a reparação de um dano sofrido, como pode igualmente ser a exigência dos mais diversos desejos de que a criatividade humana é capaz.

A ambiguidade do vocabulário político e a sua correspondente ambivalência de condutas devem ser distinguidas de uma mera corrupção da linguagem ou de uma eventual dissimulação por parte de governantes e escritores. Segundo Oakeshott, a origem disso se encontra em dois estilos de política, opostos e extremos, que ele

---

[59] Chantal Mouffe, "Democratic, Citizenship and the Political Community". In: Chantal Mouffe (org.), *Dimensions of Radical Democracy: Pluralism, Citizenship and Democracy*. London, Verso, 1992, p. 234.

denominou *política de fé* e *política de ceticismo*. Ambos os estilos jamais se encontram em sua forma pura, constituindo-se muito mais em tendências que em doutrinas propriamente ditas.

A *política de fé* é o estilo de governar caracterizado pela incessante busca pela *perfeição* da humanidade. Mas tal perfeição nunca está presente, e por isso deve ser buscada a todo custo, usando todo esforço humano que for preciso. A perfeição é a imposição de um único caminho a ser trilhado. É a criação de um estado de coisas, um propósito a ser compartilhado. A decisão que estabelece esse caminho é a percepção daquilo que o bem comum é, e não um expediente temporário para deixar as coisas fluir.

E mais, a perfeição deve ser alcançada no mundo, como uma condição também das circunstâncias humanas. De modo mais simples, "perfeição" é mudança para melhor, em que o "melhor" pode significar tanto o caminho específico a ser aprimorado quanto a direção geral pela qual a atividade humana deve ser guiada (pouco importando o caminho).

O agente responsável por assegurar a perfeição é o governo. Se é utópico ou se visa aprimorar a sociedade em determinado rumo, tal estilo sustenta que somente o poder humano pode atingi-lo. Não apenas busca, mas supervaloriza esse poder, deixando a cargo dos governantes uma competência quase ilimitada para conduzir a sociedade. Consequentemente, o estilo requer uma dupla confiança: a convicção de que o poder necessário está disponível (ou pode ser gerado) e a certeza do caminho a ser percorrido (mesmo que não se saiba exatamente o que constitui a perfeição).

Nesse estilo de política, o formalismo passa a se tornar algo perigoso. Governar é uma boa aventura que não deve ser atormentada pela observância de regras. Como representante legítimo do interesse comum, tem o dever de direcionar a conduta humana mediante ações que estejam meticulosamente relacionadas para administrar e maximizar o propósito desejado. Os indivíduos estão vinculados justamente por esse propósito. Portanto, as regras emitidas pelo governo são meramente instrumentais para atingir o fim comum.

Ao falar de fé, não está se referindo à religião, mas ao próprio *racionalismo* em política. Trata-se de uma crítica incisiva, e por que não dizer irônica, ao projeto iluminista de superar a imperfeição da prática pela fé na razão abstrata. Oakeshott não está perfazendo qualquer forma de apologia ao irracionalismo. Como ele iria descrever mais adiante, há uma distinção entre ser *racional* e ser *racionalista* em política. A racionalidade em política é a exploração das alternativas que, de algum modo, já estão presentes e se insinuam dentre os arranjos de uma dada comunidade. Ser racionalista em política é desconsiderar totalmente a prática, acreditando cegamente na visão de que os arranjos podem ser escolhidos de maneira premeditada, seguindo o receituário de uma ideologia política.

A nêmesis da fé é sua incapacidade de autolimitar-se. Como governar é uma atividade sem controle, a imposição de um padrão único de atividade pode levá-la à ruína pelo excesso. Ainda que se objetivem intervenções limitadas, o resultado muitas vezes é diverso do que foi antecipado. Enquanto pequenas proteções são providas, lançam-se inevitáveis e imensas concentrações de poder.

O estilo de governo que se opõe abstratamente à *política da fé* é o *ceticismo*. A postura cética é aquela que desconfia da capacidade humana de atingir a perfeição. Sustenta que o governo possui uma função bastante específica e limitada: estabelecer e manter um sistema de direitos e deveres que tem como único propósito evitar conflitos invasivos e garantir um ambiente mínimo de convivência pacífica.

Segundo Oakeshott, o ofício do governo não é ser o arquiteto de um modo perfeito de vida, ou (como a fé prescreve) de um aprimorado modo de vida ou mesmo de qualquer modo de vida em especial. O cético em política observa que os homens vivem em proximidade uns com os outros e que, cada um perseguindo várias atividades, tornam-se aptos a entrar em conflito. E esse conflito, quando atinge determinadas dimensões, não apenas pode tornar a vida bárbara e intolerável como pode até terminar abruptamente. Nesse entendimento da política, portanto, a atividade de governar subsiste não porque é boa, mas porque é necessária.

De outro modo, esse estilo crê na atuação independente dos indivíduos para deliberar sobre os seus fins. Não confia ao governo a tarefa de definir os projetos de seus governados. Para o cético, governar é uma atividade judicial, apoiada na prerrogativa autoritária de decidir conflitos com base numa linguagem pública de regras coercitivas. O poder concentrado pelo governo não deve ser empregado para impor ou promover qualquer projeto em particular.

Tomando Hobbes como um dos principais intérpretes do ceticismo, Oakeshott considera que a soberania do governo, embora potencialmente absoluta, possui um âmbito bastante limitado de atuação. Ele não pretende estabelecer o que é a verdade nem conduzir a sociedade a um determinado rumo. Seu objetivo está vinculado à manutenção de uma ordem superficial de direitos, deveres e meios de reparação.

Contudo, essa *ordem* não é estática nem imutável, pois está sempre suscetível às contingências da *fortuna*. O aprimoramento, no entanto, deve ser distinguido da política de fé. O que deve ser aprimorado não são os seres humanos, a conduta humana ou mesmo a amplitude das circunstâncias humanas. Seu objeto envolve apenas alterações esporádicas e específicas na própria ordem, buscando corrigir os arranjos que se tornaram inoportunos ou obsoletos com o passar do tempo. Para o cético, o aprimoramento não é uma atividade independente e adicional da manutenção da ordem. *Manter a ordem* é também um exercício contínuo de reflexão e julgamento sobre a conveniência de seus próprios termos.

A noção de *aprimoramento* não distorce o caráter cético quanto aos limites da atuação do governo. Ser cético não é ser cético em relação a tudo, pois o cético absoluto, nesses termos, é uma contradição. O cético aqui é aquele que desconfia de grandes mudanças institucionais e de revoluções. Prefere a reforma à construção, mudanças lentas a grandes rupturas.

A metáfora predileta de Oakeshott para ilustrar essa disposição é o personagem do *estivador* de Halifax. Estivador é o trabalhador encarregado de distribuir a carga de um navio no porão ou convés, sendo igualmente responsável por descarregá-la quando do desembarque. É a profissão mais humilde na hierarquia portuária, normalmente desempenhada por trabalhadores com menor nível de instrução formal.

Diferentemente do capitão, o estivador desconhece a linguagem das cartas náuticas, não domina a ciência da navegação e tampouco é versado em operação de maquinaria sofisticada. Seu conhecimento não decorre de tratados e manuais, mas da própria experiência vivida dentro do navio, pela repetição contínua de suas atividades. Com a prática, acabou adquirindo um aguçado senso de equilíbrio, dominando com mestria a arte de distribuir a carga ao longo do convés, contrabalançando, se preciso, o próprio peso para nivelar a embarcação. Evita movimentos abruptos a todo custo, não sente nenhuma satisfação por navegar em mares desconhecidos e não se prende a uma única direção – pois é indiferente a toda sorte.

Enquanto o racionalismo se ocupa do local de chegada, destacando a importância dos líderes que devem conduzir a embarcação, Oakeshott prefere ressaltar as virtudes do homem simples. A política *estivadora* procura cultivar a prudência e a moderação. Ela se vale do conhecimento prático não com a intenção de chegar com mais rapidez ao destino, mas com o intuito de manter o barco navegando com segurança durante todo o percurso. Talvez a imagem mais bela dessa metáfora seja a de que o destino de todos acaba recaindo nas mãos do mais singelo dos tripulantes, provando que a virtude da política reside na experiência e no comedimento.

No entanto, a política de ceticismo também encontra sua nêmesis. O paradoxo da política cética é que, enquanto é um estilo de governo com a mais larga reserva de poder disponível para o uso em caso de emergência, é igualmente o mesmo disposto a usar essa reserva. Ele responde lentamente aos perigos que se aproximam. Às vezes tarde demais. Justamente pelo medo de agir indevidamente, por ser contido e autolimitado ao extremo, corre o mesmo risco de dissolução da fé, que não conhece limite algum.

Não se pode negar que Oakeshott nutre uma preferência implícita pelo ceticismo, da mesma forma como a teoria da associação civil em *On Human Conduct*. Há uma relação claramente assimétrica entre as categorias. Enquanto a fé se vê arruinada pelo excesso de seu pecado (a arrogância da certeza), o destino final do ceticismo é marcado pelo excesso de sua virtude (a autocontenção). É necessário encontrar um ponto de equilíbrio (que Oakeshott denomina *princípio da média*) em que o ceticismo possa salvar a fé quando a concentração de poder ameaça a vida comum, da mesma forma como a fé deve resgatar o ceticismo quando sua inércia ignora o perigo que se aproxima.

Isso não quer dizer que fé e ceticismo acabariam se tornando equivalentes em termos categóricos. O equilíbrio consiste em buscar um abrigo no espaço intermediário, distante o suficiente das extremidades. Nesse local, versões mais tênues poderiam coexistir de maneira tolerável, simbolizando algo significativo de maneira mútua. Fé e ceticismo continuariam rivalizando e disputando aguerridamente cada centímetro desse espaço, revezando-se nas vitórias e derrotas. Contudo, ser o vencedor do dia não é tão importante quanto a sensação de permanecer distante das extremidades.

Essa é a imagem da vida civilizada, que caracteriza a política de ceticismo e representa uma tentativa de reconciliação com a fé. Trata-se do *jogo* como elemento da cultura, que Oakeshott se apropria da obra *Homo Ludens*, do historiador holandês Johan Huizinga. *A Política da Fé e a Política do Ceticismo* comprova a influência de Huizinga na formulação de teses posteriores, como a metáfora da conversação da humanidade.

Segundo Oakeshott, "a conversação não é uma iniciativa destinada a produzir um ganho extrínseco, uma competição em que o vencedor ganha o prêmio, nem é uma atividade de exegese; é uma aventura intelectual não ensaiada. Ocorre com a conversa o mesmo que com o jogo. Sua importância não reside nem em ganhar nem em perder, mas sim em jogar".[60]

O homem civilizado aceita essa condição, buscando explorar os diversos caminhos a que o conhecimento conduz, sem ponto de partida ou de chegada. O jogo é uma atividade contínua e ininterrupta, que só termina quando a ansiedade pela vitória sucumbe a mente do jogador, que não percebe mais *graça* alguma. Essa talvez seja a grande lição que a dimensão poética da civilidade, da conversação e do ceticismo pode expressar: a contemplação do presente, a crítica à intencionalidade e a aceitação de que talvez a única vocação que se pode ter na vida, lembrando John Gray, "é brincarmos seriamente e sermos sérios alegremente, vivendo sem pensar em destino final".

Pelotas, inverno de 2018.

---

[60] Michael Oakeshott, *Rationalism in Politics and Other Essays*, p. 490.

Índice Remissivo

A

Abdul Hamid II, 94, 94n
Absolutismo, 63, 141, 183n
Acordo do Povo, 121
Acton, Lord, 30, 105n, 193
Adams, G. B., 129n
Agente, 49, 150n
Agostinho, 193
Alegoria da Caverna (Platão), 21n
Ambiguidade, 43-51, 53, 55-85, 145, 147, 179-81, 186, 193-95, 198, 219
Ambivalência, 44, 48, 50-51, 53, 179, 194, 198
Anarquia, 48-50, 68, 68n, 174
Antinomianismo, 68n, 80, 121, 156, 167
Apolo, 187
Aprendizagem, 100-01
Aristóteles, 14
Armênios, 94, 94n
Assembleia dos Estados Gerais, 130n
Associação Civil, 17-18, 18n
Associação empresarial, 17-18
Atenas (ateniense), 38, 46
Autodestruição, 147, 151-52, 158, 173-74, 190
Autolimitação, 161-63, 165, 168-69, 175
Autoridade, 11-13, 31-32, 49-51, 63-64, 80, 82, 89, 91-92, 101, 104, 106, 109, 111, 125, 133, 137, 151, 157, 166-67, 169, 186, 196

B

Bacon, Francis (baconiano), 15, 80, 96-102, 104, 109, 109n, 111-12, 122, 126-27, 130, 152, 182, 197n
Bate's Case, 80n
Bayle, 131
Beamtenstaat, 150n
Bem comum, 25, 62, 69, 136
Bem-estar, 60, 79, 98, 100-102, 108, 157-58, 167n
Bentham, 124, 132, 136-37, 193
Berkeley, 184
Bevin, 113n
Beza, Theodore, 110n
Bíblia, 105
Bodin, 109n
Bonald, 98n
Boyle, 184
Brownistas, 106
Brunschvicg, 154n
Buffcoat, 121, 121n
Burckhardt, 193
Burke, 7, 9, 124, 132-34, 136, 188n, 193, 200
Burton, 23, 109n, 126
Butterfield, 134n

C

Calhoun, 132
Câmara dos Comuns, 196

Cambridge, 13
Cambridge Economic History of Europe, 13, 161n
Camponês da Calábria, 37
Caos, 97, 180
Capitalismo, 47, 197n
Carga (polos), 179, 182, 190
Carlos I, 121n
Catolicismo, 13
Cesarismo, 64
Chamberlagne, 109n
Chateaubriand, 98n
Chinês convertido, 37
Cícero, 79, 79n, 80-81
Civilidade, 18
Classicismo, 47
Colbertismo, 122
Coleridge, 132, 193
Comenius, 180n
Comitê Macmillan, 113n
Comitês de "segurança pública", 79
Commonwealth, 186
Complexidade, 40, 44-46, 180-81, 192, 197
Comunidade
empresarial, 123n
   primitiva, 89, 117
   produtivista, 109
   sagrada, 107
Comunismo, 9, 13, 114, 182, 198n
Concordia discors, 78, 132, 145, 179
Conferência Inaugural de 1951, 11, 20
Confúcio, 176, 176n, 183n (confucionista), 198
Congregacionalistas, 106
Constant, Benjamin, 19, 19n
Constituição dos Estados Unidos da América, 132
Contraproducente, 147, 151, 161, 166, 174, 191
Convenções, 171-72

Conversação (conversa), 21, 140, 143, 171-72, 195
Coroa, 33
Crescimento, 30
Cristianismo, 37, 39, 45, 125, 133
Cromwell, 107, 120-21, 121n

D
De Republica Anglorum, 130n
Debate, 171-72
Debates de Putney, 121, 121n
Declaração Inglesa dos Direitos de 1689, 132n
Déclaration des Droits de l'Homme et du Citoyen, 132n
Democracia, 15n, 40, 113, 195-97
Deus, 13, 107, 190, 192
Dickinson, G. Lowes, 48n
Dilema político, 52, 146 (dilemas da política), 180, 183, 189
Dionísio, 187
Direito(s), 26, 45, 66, 69, 71-72, 74, 110, 121n, 122, 135, 166n-67n
de propriedade, 170
divino, 196
   expansão do, 83
   limitados, 83
   naturais, 135-36
   privado, 125
Domínio iminente, 167, 167n
Donne, 23, 126
Doughty, 40
Doutrina da liberdade, 74
Duguit, Leon, 150n

E
Educação, 66, 162
Entusiasmo, 133, 153, 184
Equilíbrio, 15, 20, 140-41
Equilíbrio (estivador), 20, 20n, 22, 186
Espinosa, 12-27, 53, 132
Estabelecimento eclesiástico, 106

Estado vigia-noturno, 77n
Estivador, 21-22, 185-87, 192
Everard, Robert, 121n
Exército
Novo, 121n
parlamentar, 107, 120 (do Parlamento)

F
Fascismo, 13, 40, 46
Federalist, 133
Felicidade, 79, 95, 162
Felipe II, 94-95
Figgis, J. N., 105n
Fisiocrata, 181
Fitzharris's Case 130n
Fleming, Chief Baron, 80n
Fontenelle, 131, 184
Formalidade, 75, 102, 107, 121 (formalismo), 156 (formal), 166, 168, 172
França, 84, 85, 92n, 111, 130n, 184
Futuro, 23, 30, 66, 102, 127, 139-40, 153, 155, 184

G
Gladstone, 134
Governar, 65-67, 141
Governo, 31, 41
   como uma atividade judicial, 71, 128, 130, 130n, 169
   constituição(ões) do, 11n, 31, 132, 196
   elisabetano, 101
   finalidade do, 30-31
   minucioso, 63, 70, 92
   onicompetente, 49, 63-64
   parlamentar, 171, 193
   parlamentarista, 122
   realista, 122
Grécia, 46, 117
Greville, Fulke, primeiro lorde Brooke, 95n
Guerra(s), 25n, 45, 112, 161-62, 171, 174
Guerra Civil Inglesa, 120

H
Hábitos, 9, 30, 39, 41, 58, 104, 142, 162, 192
Hakewill, George, 99, 99n
Halifax, 133-34, 153, 184-85, 188n, 193
Haskins, 128n, 129n, 131n
Hayek, F. A., 19n
Hegel, 132, 136
Henrique VIII, 33
Herbert, 126
Heterogeneidade, 39, 40, 42, 43
História, 11n, 14, 32, 47, 50, 56, 58-59, 63, 67, 88-89, 98, 100, 104, 111, 113-15, 119-20, 125, 131, 135, 143, 178, 190-92
Hobbes, 23, 64, 106n, 126-27, 132, 193
Holmes, 169n
Hudibras, 134
Huizinga, J., 13, 170n, 224
Hume, 124, 131-32, 134, 153, 184, 193

I
Igreja, 104-105
Inadequação, 174, 182, 187
Independentes, 106, 121
Inglaterra, 38, 51, 81-82, 91, 92n, 93n, 96, 118, 120-22, 126, 128, 130, 130n, 131-34, 138, 144, 148
anglo-normanda, 158
Iniciativa
limitada, 108-09
produtivista, 112
Insinuações, 11, 25, 25n, 41, 73, 97, 99, 101, 124, 131, 148, 150n, 177-78, 183, 187, 194
Instituições
democráticas, 197
populares, 196-97
representativas, 189
Interimsethik, 156
Intermediária (região), 43, 77-78, 183-84, 192

Ireton, 107, 121
Isócrates, 176, 176n

J
James, Henry, 70
Jansenistas, 187n
Jesuítas, 187n
Julgamento, 130, 169, 188
Justiça, 45, 74, 80, 128-29, 135, 171

K
Kafka, 160n
Keynes, J. M., 113n

L
La Rochefoucauld, 154n
Lamartine, 41, 136n
Laski, 150n
Legislação, 66, 75, 102, 129
Lei, 70, 75, 80-81, 122, 124, 127, 129, 142, 167, 169n, 185
Lei de Educação de 1944, 13, 152n
Lei de Indenização e Esquecimento de 1660, 185
Lênin, 155n
Liberalismo, 13, 47
Liberdade (*Commonwealth*), 186
Liberdade, 45-46, 110
Libertas, 46
Lindsay, 76n, 150n
Linguagem, 39-40, 43, 47-49, 51, 53, 81, 145, 147, 189, 194, 195-96, 201
Lipson, 123n
Literatura elisabetana, 126
Locke, John, 59n, 81, 103n, 111, 132, 135, 184, 193
London School of Economics, 11-12
Long, Huey, 46
Lutero, 46

M
Macaulay, 90, 97, 124, 132, 134
Macmillan, Hugh Pattison, 113n
Maistre, 98n
Mandeville, 184
Maquiavel, 97
Marxismo, 182
McIlwain, 128n, 130n
Média, a, 183, 184-87
Mercantilismo, 108, 122
Milenaristas, 105-106
Mill, J. S., 74, 160
Mill, James, 137
Milton, 127, 137
Mistura, 40-41
Moderação, 22, 22n, 25n, 142, 160, 168, 172, 176, 185-86, 188, 201
Modus vivendi, 122
Montaigne, Michel de, 19, 23, 126-27, 154n, 187n
Montesquieu, 132
Mortalidade, 127, 173
política da, 175
Mudança, 52, 61, 72, 131, 143, 166, 188
Mun, 109n

N
Nacional-Socialismo, 13
Nassau Senior, 162n
Nêmesis, 8, 10, 145-46, 150, 150n, 153, 156, 159-61, 164, 167, 172-73, 191
Niveladores, 121, 121n
Nova Jerusalém, 136

O
Onicompetência, 64
Ordem
apropriada, 72, 135
pública, 90, 92, 164
superficial, 26, 70, 72-73, 75-76, 119, 122
Otimismo, 95, 98, 114, 125
Owen, Robert, 156n

P

Paine, Tom, 40, 132, 136-37, 193
Panopticon, 65
Panoverseers, 65
Parlamento de Paris, 130n
Partidário, 53, 192
Pascal, 23, 126, 132, 154n, 187n, 193
Pecado, 66, 80, 126-27
Pelagianismo, 15, 58, 100, 107, 125, 133
Perfeição, 16, 25, 57-63, 65-66, 68-69, 87, 90, 97, 101-03, 107-09, 128, 137, 149, 150n, 151-57, 159, 161-63, 165-66, 169, 175, 191, 193, 195
Pessimismo, 126
Philosophes, 110
Pitt, 82
Planejamento (da sociedade), 12, 16, 19n, 112
Platão, 21n
Plebiscito, 15, 196
Política
da imortalidade, 152, 175
do ceticismo, 14-15, 17, 19, 21-22, 50-51, 54-55, 67-74, 117-44, 164-74, 178-79, 182, 199
  pelagiano, estilo de, 58
  jogo, 170-73
  puritana, 105, 107
  utópica, 60
Política da fé, 7, 9, 11, 14-15, 17, 22, 50, 52, 55, 57-64, 69, 87-115, 144, 150-53, 157, 159, 160-63, 178-79, 186, 189-90, 192, 195
  versão econômica, 104, 107-108, 122
  versão primitiva da, 89
  versão produtivista, 109, 111, 123
  versão religioso-econômica, 120
Political Studies, 17n
Político(s), 67, 120, 177-79
Whig, 134

Polos (polaridade), 42-43, 48, 50-51, 55, 77, 114, 145, 147, 172-73, 176, 179, 182, 184, 187n, 190, 192, 197, 215
Porcos-espinhos, 18n
Precedente, 67, 75, 90, 161, 169, 169n
Prerrogativa real, 80-81
Presbiterianos, 106
Price, Richard, 137
Princípio da média, 184-86
Procedimento, 129, 171, 181
Protestantismo, 105
Prothero, 80n
Providência divina, 58
Puritanismo, 105-107, 127

Q

Queda, A, 58, 98
Quietismo, 167
Quinta Monarquia, 106

R

Raciocínio político, 188, 193, 198
Racionalismo, 9, 16, 17n
Raison d'État, 66
Redenção, 98, 100
Regra dos santos, 120
Relatório Macmillan, 113, 113n
Republicanismo, 135-37
Retidão, 106-107, 120, 148, 152, 163, 170
Revelação, 146
Revolução, 85, 111, 132
Revolução Francesa, 30, 47, 85, 92n, 113, 132
Revolução Industrial, 113
Revolução Russa, 132
Robbins, Lionel, 13, 161n, 162n
Robertson, C. Grant, 130n
Romantismo, 47
Rousseau, 19n
Rússia, 197n

S

Salus populi suprema lex esto, 78, 80-81, 85, 122
Salvação, 61-63, 80-81, 101, 106, 110, 120, 154, 167n
Santo Agostinho, 133
Scaliger, 84
Schopenhauer, 18n
Século XIV, 128
Século XV, 17, 30, 91, 129
Século XVIII, 59-60, 110, 112, 122, 134, 182, 183
Segurança, 45, 79, 81-82, 110, 128, 152, 157-60, 163, 175
Selden, 81
Senso comum, 189
Servo(s), 49, 67
Shaftesbury, 131, 173n, 184
Simplicidade, 40, 53, 165, 180, 182-84, 192
Simplificação, 182, 191
Smith, Adam, 124
Smith, Sir Thomas, 130n
Soberania, 125, 167, 168n
Sobriedade, 170, 172
Socialismo, 47, 114, 121
St. Evremond, 184
Stenton, F. M., 131n
Stephen, Sir James, 49
Sydney, Algernon, 136

T

Tacitus, 79n, 154 (Tácito)
Techné, 150n
Técnicas, 91, 94-95, 111
The Character of a Trimmer (Halifax), 185-86
Thorndike, E. L., 112n
Tirania, 154n
Tocqueville, 188n, 193
Torre de Babel, 10, 23
Traição, 45, 55, 66, 110, 192

Tranquillitas, 134
Tribunal, 129-31, 169
Tzu Szu, 183n

U

Uniformidade religiosa, 108
Utopia (utópicos), 61, 101, 107, 109, 155

V

Verdade, 63, 66, 74, 76, 122, 128, 133, 135
Vere, Laurence, 105n
Vida comum, 170-72
Virtude(s), 166, 168, 170, 186, 196
Vocabulário político, 40, 45, 48-50, 55-56, 65, 79, 97, 110, 150, 157, 179, 182, 186, 193-95, 198

W

Warner, Stuart, 13
Westminster, 129
Weulersse, Georges, 181n
Wildman, Sir John, 121, 121n

Você poderá interessar-se também por:

RUSSELL KIRK
Edmund Burke
Redescobrindo um gênio

A mais completa obra sobre Edmund Burke e seu pensamento. Neste incrível volume, com textos inéditos, e especialmente elaborados para a versão brasileira do livro de Russell Kirk, os leitores descobrirão que Burke foi "o primeiro estadista a reconhecer que não há resposta coerente ao Iluminismo além do conservadorismo social e político". Um livro para todos que se interessam pelo pensamento burkiano, escrito por seu mais original discípulo americano.

facebook.com/erealizacoeseditora   twitter.com/erealizacoes   instagram.com/erealizacoes   youtube.com/editorae

issuu.com/editora_e   erealizacoes.com.br   atendimento@erealizacoes.com.br